新装版

ママのココロ貯金のすすめ

親と子の自己肯定感を上げる
33のポイント

て心理学協会
ちひろ 著
ashi Chihiro

JN016448

はじめに

現在、私は、子育て心理学協会代表理事として、出版を始め、子育て心理学講座、子育て心理学カウンセラー養成講座、子育て電話相談と子育てを教える仕事をしています。

そんな私ですが、じつは、私自身もわが子の子育てには悩みに悩んだひとりです。

私は、元小学校の先生でした。教育委員会勤務では、「学校の先生の先生」として先生を指導する立場でした。なのに、たったふたりのわが子に振り回されたのです。

子どもは、親の時間とお金を食べて大きくなります。そのため、私は子育てで自分の時間・体力・気力を消耗して、気がつくと、私もごく普通のガミガミ・イライラ母さんになったのです。

子育てほど「わかる」と「できる」が違うものはありません。どれほど頭で子どもを褒めようと思っても、自分自身に気力・体力がなくなったり、怒り感情、不安感が増大したりすると、子どもを褒めるどころか不必要に怒鳴ったり、心配しすぎてしまいます。

本書は、子どものやる気と自信を引き出す「子育ての正解」をお伝えしました。

子どもの心の中にあるココロ貯金箱にママの愛情が「行動」で伝わると、やる気と自信の大元である「ココロ貯金®」が満タンになり、子ども本来が持っている能力・才能を最大化できます。これで子育ての多くの悩みは解消に向かいます。

とはいえ、ママ自身の心の中にも子ども同様に「ココロ貯金箱」があり、その貯金箱がたまっていないと、子どもへの「ココロ貯金®」をためることが難しくなります。

とはいえ、子育て期のママは、子ども中心の生活で自分のことを考える時間が極端に減ります。

では、どうしたらいいのでしょうか?

そこで「子育ての正解」だけではなく、上手にママの「ココロ貯金®」をためて、なおかつ子どもにも「ココロ貯金®」をためる方法をお伝えしました。どうぞ、お楽しみになさってくださいね。

一般社団法人子育て心理学協会代表理事　東ちひろ

※「ココロ貯金®」は一般社団法人子育て心理学協会の商標登録(番号5635344)です。
本文中では、「ココロ貯金」としています。

目次

※本書は2019年発行の『子育てが上手くいく！「ママのココロ貯金」のすすめ 親と子の自己肯定感を上げる33のポイント』を元に、内容を確認したうえで書名・装丁を変更してあらたに発行しています。

1章

ママの主なストレスは「子育て」

～ママの気持ちと行動を変えよう～

ママが子どもの感情をコントロールするのはむずかしい

ママの主なストレスは『子育て』

皆さんが抱えているストレスの原因は何ですか？　お子さんのことですか？　仕事のことですか？　人間関係ですか？

専業主婦であれば、ママの生活の98％ぐらいが子育てですよね。仕事をされているママでも、子育てを中心にお仕事のスケジュールを考えている方が多いと思うので、やはり、子育てがメインになると思います。

それゆえに、子育てにおいて、**子どもが上手く育たないと感じていると、ママはとてもストレスがたまります。**

そうなると**ココロにも余裕はありませんから、すべての生活に悪影響も出やすくなるわけです。**

つまり、ママたちの主なストレスは「子育て」ということなんです。

他人の感情をコントロールするのはむずかしい

わたしの子育て相談では、どのママも「子どもをよい方向へ変えたい」と言ってこられます。何かしら子どもに困ったことがあって、それを変えて欲しい、変え方を教えてください、と言ってこられます。

ところが、それはとても困難なことなんです。

なぜなら、子どもの行動は結果的には変わっていきますが、親がその場で方向修正を試してみてもすぐに変わるものではないからです。

そもそも人は、自分のことしかコントロールできません。コントロールは自分の意思で行われるので、変えられるのは自分のココロだけなんです。

人から言われて「はい、その通りに従います」

と口では言えますが、実際には、他人の感情をコントロールするのはむずかしいものです。

ダイエット中でも、ついお菓子を食べちゃったり、三日坊主で終わっちゃったり……なんてことは本当によくある話ですよね。自分の食欲さえコントロールできないのに、子どもの欲求を確実にコントロールすることは、できないほうが当然だと思います。

point 1 変えるのは子どもの感情ではなく ママの気持ちと行動

ママたちが次に変えたいのは、自分の感情の浮き沈みを何とかしたいということです。最初は『子どもを変えたい』、でも、そのあとに『自分の感情をコントロールしたい』とおっしゃる人がとっても多いんですよ。ところが自分自身の感情もとっても手ごわいので、簡単に変えることは本当にむずかしいです。

そこで、わたしはいつもこう答えます。

「変えるのであれば、ママの気持ちと行動を変えるのが一番早いですよ」と。

子育ての大変さやツラさは、子どもが感じていることではなく、ママが感じているストレスです。ですから、ママの気持ちを変えることで、子育ても変わるはずなのです。

とはいうものの、子育てが上手くいかないのに、ママがムリに明るい顔をするのは不自然ですよね。お気持ちはよくわかります。

子育ての悩みは人によって違う

子育ての悩みは人それぞれ。子育て本や子育て仲間に相談するだけでは、一般論はわかっても、わが家に当てはまるかどうかは別の問題です。

子育て講座で話をする時や電話で相談を受ける時、子どもとママの状況をよくお聞きして、具体的な子育て法をお伝えすることが、「一番早く」ママと子どもの変化が表れると感じています。

子育ては、これから先もずっと続きます。途中でやめることはできません。子どもを上手に育てるコツは、職場でも、他の家族にも活かしていくことができます。

ママのストレスを解消するには、その要因をなくすのが一番よいと思います。

だから、ママの主なストレスの原因が「子育ての大変さ、ツラさ」なら、子育てをラクにすることをやればいいんです。

ママのストレスはいろいろある！ストレスの原因ベスト5はコレ！

先ほども言いましたが、ママのストレスの主な原因は子育てです。ママたちは、子育てのどういう点にストレスを感じるのでしょうか。

わたしが受けた相談で、子育てでヘトヘトだったレイコさんの例をご紹介します。

■

レイコさんは、ケンタくん（２歳）とユカちゃん（１歳）の２人の子どものママです。

最近、１歳のユカちゃんの夜泣きが始まり、毎晩眠れずヘトヘト状態。しかし、レイコさんは、外遊びが大好きなケンタくんとユカちゃんのために、毎日公園に出かけるのが日課です。

毎日頑張っているのですが、ケンタくんが公園帰りに、道ばたでダダをこねることが多くなりました。「まだ、公園で遊びた～い！」と、手に持っているおもちゃも投げ出します。初めは、ママも「そろそろおうちに帰ろうね」と優しく言うのですが、それでも、泣き叫ぶケンタくんにどんどん腹が立ってきます。

「ここまで頑張って、やっているのにどうして！」

レイコさんは、最近、自分の時間がまったくありません。お茶を飲んだり、雑誌を見たり、ゆっくりお化粧をする時間もありません。ソファーにだって30分座ることすらありません。どこに行くのも親子3人一緒の生活。洋服だって、本だって、自由に買い物ができません。あまりの忙しさに気持ちも落ち着かなくてアワアワしてしまうことも……さらに、そんなママの姿を見たパパやおばあちゃんは、「ママがしっかり育てないといけない」「ママなんだから、ちゃんとしろ！」と追い打ちをかけてきます。「甘やかせているのではないか」と好き勝手なことも言われてしまいました。

レイコさんは、「このままでは、わたしは、子どもをダメにしてしまう!!」とわたしの子育て電話相談に申し込みをされました。

わたしはレイコさんが「毎日本当によく頑張っていること」と「どうして、ケンタくんがダダをこねるのか」を伝えました。

子どもは、ママがどれほど育児疲れしていたとしても、ママからの愛情をもらいたいと思っています。妹の夜泣きで疲れ果て、ママのエネルギーが少なくなった時ほど、その残り少ないエネルギーを自分のために奪い取りたいのです。だから、「自分のことを見て見て」とダダをこねるのです。

そこで、わたしがアドバイスをしました。その結果、ケンタくんが「ボクもママのこと、だ~いスキだよ!」と言ってくれるようになりました! そうなると、道ばたのダダこねが激減し、理由を話せば、わかる子どもに変わったのです。

その劇的な方法とは何でしょう!? それは、あとの2章でお伝えしたいと思います。まずここでは、ストレスの原因が何だったのかを考えてみましょう。

point 2

ママの子育てストレスの原因はいくつも重なっている

レイコさんは、まず子育てについて相談相手がいませんでした。愚痴をこぼす相手もいませんでした。そして、夜泣きのひどい妹と、ダダをこねるケンタくんを相手にひとりで頑張って背負い込んでいました。その結果、自分の時間は皆無となり、そのうえ、夫や姑から責められたのです。

レイコさんのストレスの原因は、幾重にも重なっています。これではストレスはたまる一方ですし、いまにも爆発してもおかしくない状況です。

でも、レイコさんのような育児ストレスは特別ではありません。ママならどなたでも抱えているストレスです。

ここに**『ママのココロにストレスがたまる原因ベスト5』**を上げてみました。レイコさんには、3つが当てはまりますね。

では、それを解消するにはどうしたらよいのでしょう？　現実的にはむずかしいものですよね。

ママのココロに
ストレスがたまる原因
ベスト5

1. 子育てについて相談相手がいない
2. 愚痴をこぼす相手がいない
3. ひとりで頑張っている
4. ひとりの時間がない
5. 夫へのストレス、姑へのストレス、経済的なストレスなど

だって、ストレスの元となる子どもが24時間目の前にいるわけですし、ご主人の仕事が忙しい人は、育児を十分に手伝ってもらうことなんてできません。

となると、ママは土日も休日もないまま、常にストレスと向き合わなくてはなりません。

point 3 すぐにできるストレス解消法『ひとりの時間』

それでもストレス解消法はあります！　まず、ママがひとりで、簡単にすぐできるストレス解消法をお伝えしましょう。

それは、**ひとりで何かをすることです。買い物でも映画でもお茶でもいいんです。**

家事に育児に、仕事と、時間に追われる毎日に慣れていると、少々むずかしいかもしれませんが、ママがひとりの時間をつくれるような対策を立ててみましょう。

ご主人が協力的な人であれば、子どもを預かってもらい、まずは、ひとりになることです。実家の親兄弟に助けてもらうのもいいでしょう。

わたしは実際に、主人が休みの日曜日に子どもを見てもらって、スーパーマーケットにひとりで一週間の買い物に行きました。

ひとりで行くことでリフレッシュもできますし、平日は、不足しているものを買いに行くだけなので、家事もラクになりました。美容院に行ったり、自分だけのものを買いに出かけることも、とても有効です。

わたしは、千円くらいのものを自分のために買っていました。マグカップ、ハンカチ、ソックスなど、それだけでも、心はウキウキしたものです。

こうして、**ひとりの時間を持つことでリフレッシュし、また子どもに向き合えるようになります。**

ストレスの原因の大きなものには、「子育てについて相談相手がいない」・「愚痴をこぼす相手がいない」ということがあります。

ツラいこと、落ち込むことがあった時、誰かに話すだけでも少しラクになります。

実家の母親、姉妹、学生時代の友人、結婚前に勤めていた会社の友人など、気軽に連絡を取ってみてはいかがでしょうか？　同じくらいの年齢なら、子育てで悩んでいる友人は多いものです。悩んでいるのは自分だけではないということがわかるだけでも、本当に気がラクになります。

ネガティブな気持ちの理由 ママの怒り感情の処方せん

わたしは、子育てと怒りの感情は密接な関わりがあると考えています。

じつは、怒りの感情は、あってはいけない感情ではありません。自然に湧き上がる感情ですから、それを止めることはむずかしいですし、これがあるから人間らしさも生まれると思っています。ですから、どうぞ怒るご自分を責めないでください。

わたしたちのネガティブと言われる感情（不満・不安・焦り・悲しみ・迷いなど）は、自分ひとりで感じているものです。不満や不安も他人に話さなければわからない可能性もあります。

それに比べ、怒りの感情は周囲への影響力がとても大きいので、子どもに及ぼす影響力を考えると、できるだけ怒りの感情を向けたくありません。

point 4

子どものココロにためるのは、怒りではなく『愛情』

何やってるの！
まったくも〜
ダメなんだから！
どうして？
あれ？
これ、怒る
必要ないかも

ママは、本当は誰に何を怒っているのでしょうか。

冷静に考えたことはありますか？　本当は何を伝えたいのでしょうか。

怒りを客観視すると、若干怒りが小さくなり、対応策が見つけられます。でも、急いで怒りをゼロにしようとは思わないでください。もちろん、ゼロになればいいのですが、いきなりゼロにするにはハードルが高すぎます。

大切なのは、まず「ココロ貯金をためる」ことです。

その**子どものココロに「ママの怒り」をためてはいけません。ためるのは「子どもへの愛情」です。**

ママのペースでいいので、子どもへの愛情を言葉や行動で伝えていきましょう。そうすることで、少しずつ子どもの様子が変化します。ママの言うことに耳を貸すようになり、理解しようとしてくれるようになります。そうすると、ママの怒りの感情もどんどん少なくなり、ストレスも減っていきます。

いまの仕事を始める前に、わたしは教育委員会や中学校で相談員として、カウンセリングや発達に関する相談を受けていました。でも、正直言って、子どもに向上が見られないこともありました。じつは、ママが持っている「怒り」「不安」の感情がなかなか改善されず、結果的に不登校が長引くことがあったのです。

その経験から、わたし個人で子育て相談を始める時に、その感情について上手く扱えるようになりたかったのです。

そこで、たどりついたのが『インナーチャイルドセラピー』です。

point 5 『インナーチャイルドセラピー』でママの怒り感情の正体を探る

人は、特別にお金と時間を使わなくても、ゆっくりとご飯を食べる、ぐっすりと夜眠る、ゆったりお風呂に入ることで、自分のココロと体をリセットできるようにできています。

しかし、子育てをしていると、これらのストレス発散方法が全く使えなくなるので、ママのメンタルヘルスは非常に悪くなります。

どの子育て本でも「ママは笑顔が一番」とか「子どもを怒りすぎてはいけない」と書いてありますが、そもそも子育てストレスがピークのママは、笑顔も出ず、イライラしやすく、人と比べて不安になりやすいです。

そして、いままでひた隠しにしていた「ココロの傷」がうずいてきます。

インナーチャイルドセラピーは、大人の自分が感じる不都合なネガティブ感情の原因が、小さい頃のどんなことがきっかけで起きているのかを自覚して、当時言えなかったことを表現し癒やす心理学です。

ココロはちょっとしたことでも非常に傷つきやすい性質があり、子どものココロは、大人からしたら些細なことと感じられることでも傷つきます。そして、ココロの傷を「気がついて欲しい」「わかって欲しい」「癒やして欲しい」と切望しています。

たとえば、幼い頃に「お姉ちゃんだからガマンしなさい」（弟だけがおもちゃを散らかしていたとしても）「あなたたちは本当に片づけない子ね」とお姉ちゃんが一緒になってママに怒られているとしましょう。ママは片づけができる子に育って欲しいとの思いからの発言ですが、お姉ちゃんは理不尽なママの言い方に腹を立てています。

でも、そのことをママに言うと怒られそうで言えません。そうやってお姉ちゃんは、ママと弟に感じている怒り感情を、まるでなかったかのようにココロの奥底に隠します。

ココロは、幼い頃にひた隠しにした怒り感情に気がついて欲しい、わかって欲しい、癒やして欲しいと切望しているので、その後、何度も何度も同じ怒り感情を感じるできごとを起こさせます。同じ怒り感情を感じてもらわないと怒り感情で傷ついたことがわかってもらえないと思うからです。

子育て心理学講座では、子どもとママに少しでも早く、そして確実に変わって欲しいという一心で、講座内容にインナーチャイルドセラピーを取り入れています。

子育て心理学講座では、こんな流れでインナーチャイルドセラピーを行っています。

①いま、困っていることは何かを聞き、セラピーのテーマをママと一緒に決めます。
②幼い頃に感じたネガティブ感情の時期まで、さかのぼります。
③ネガティブ感情を感じた時の幼い子ども（インナーチャイルド）が、当時、本当は言いたかったことを話すことで、自分の傷ついた気持ちを大人の自分に伝えます。

④傷ついた幼い子ども（インナーチャイルド）が、癒やされるとニコニコといい表情になります。

子育て心理学講座で行うインナーチャイルドセラピーは、短時間（約1時間）で最大の効果が上がるようにつくられています。そのため、子育てで忙しいママも受けやすいです。

ママの怒り感情の処方せん

●子どものココロに「ママの怒り」をためてはいけない。ためるのは『愛情』。

●幼い頃のネガティブ感情を表現することで、大人になったいまの怒りのきっかけを見つけ、癒やす『インナーチャイルドセラピー』（心理学）。

子どもに大きな影響を与えるママの怒り・無関心な感情

わたしたちは成長する過程で、何度も傷つく経験をしながら大きくなります。

「いまでもよく覚えていること」「すっかり忘れてしまっていること」「覚えているとツラいので、なかったことにしていること」もあります。

たとえば、5歳のカオリちゃんは、いつもママに怒られるばかりで、ほめられた経験がありません。カオリちゃんは、毎日ママにほめてもらいたくて「こんな絵を描いたよ！」「ママ、お歌を覚えたよ♪」とアプローチをします。

でも、ママは同居の姑に気を遣っているので、カオリちゃんの話をゆっくりと聞くココロの余裕がありません。

カオリちゃんが子どもらしい遊び方をしていたとしても、姑に「子どもがうるさい」

「おもちゃを散らかすな」と言われてしまいます。

ママは、姑に小言を言われないことに全勢力を注いでいるので、カオリちゃんのお絵かきもお歌も認めることができないのです。なぜなら、自分が毎日カオリちゃんのことで、姑に叱られているからです。

カオリちゃんは、「それが嫌だ」とママに言っても、ママの対応が変わらないことを知っています。だから、「まあ、こんなもの」とあきらめてしまうのです。このカオリちゃんの「寂しい気持ち」は大人になったカオリさんにも確実に現れてきます。

「5歳のカオリちゃん」は、「大人になったカオリさん」に、その時と同じ「怒りや悲しい感情」を味あわせたいと思っています。

なぜならば、「5歳のカオリちゃん」は、「どうせわたしなんて」「まあ、いいや」という、感情で傷ついたことを「大人のカオリさん」に知らせて癒やして欲しいからです。

だから、何度も何度も何度も、その感情を味わうことになります。登場人物を変え、実母以外に、夫や友達や職場の上司にも同じ感情を感じるようになってしまうのです。

幼児から小学校までの子どもの体験が、大人になってからもこんなふうに影響を与えることがあると、覚えておいてください。

ママの怒り過ぎや無関心が長く続くと、小さなお子さんのココロは、大人になっても傷ついたままになってしまうかもしれません。

もしも、お子さんが大人になってもやる気が出なかったり、チャレンジをしなくなっていたら、その時は、インナーチャイルドセラピーを試してみてください。

あなたは、いまどんなことに困っているでしょうか？
それはいま、初めて感じるネガティブ感情でしょうか？

ネガティブ感情を感じた幼い頃に戻ってみましょう
その時、言いたかったことは何でしょうか？
その時、やって欲しかったことは何でしょうか？

そうやって、幼い頃の気持ちをイメージの中で再現します。

気持ちを表面化することで傷ついた感情を「わかってもらえた」と納得すると、その人は表情がニコニコしてきます。

そこまでできると、傷ついたトラウマを癒やすこともできるようになります。

将来、お子さんが何にでもチャレンジできる強いココロの持ち主になるためにも、幼い頃のママとの思い出は、笑顔が多いほうがいいのです。

君たちならできるよ。頑張って！
企画書
はい 頑張ります！
どうせムリだし、できないし。まいっか。

イライラは子どものやる気を失わせるだけ ママの正論を子どもに伝えるコツ

ここで覚えておいてもらいたいのが、**ママがイライラしていると、そのよくない感情ばかりが子どもに伝わって、余計にママの言葉が伝わらなくなる**ことです。

これは、ほとんどのお子さんが同じ反応をし、子どもが理解してくれないと、ママはもっとイライラして悪循環になります。**イライラの感情でいくら正論を言っても、子どもの未熟な脳は、「何で怒っているのかな」と思うだけで、本当に言いたいことは伝わっていません。**

point 6

「なぜ」「なんで」を「何」に変えると子どもは責められた気持ちにならない

寄り道をした子どもに、「なぜ、まっすぐ帰らなかったの!」「もっときちんとして!」

と怒っても改善は望めないでしょう。

子どもは、ママに怒られて嫌だったことしか覚えていません。「きちんとしなさい」と言われても、何をすれば『きちんと』したことになるのかわからないのです。そういう時ほど、声掛けには注意が必要になります。

まずは、「なぜ」「なんで」を「何」に言い換えるようしましょう。

「なんでできないの?」「なぜ片づけないの?」と使うと、どうしても子どもは責められているように感じます。

そんな時、「何」を使うと、子どもの様子が変わります。「何から片づけられるかな?」「何をしたらいいと思うかな?」と、**「何」に変えると、子どもに考えさせる質問になります。すると、子どもは一生懸命、どうしたらよいのかを考えるようになります。**

子どものココロに伝わる呼びかけ

1 「なぜ」「なんで」ではなく「何」で聞く

「なぜ」「なんで」は怒る時に使うフレーズです。「何」を使いましょう。
「何」なら、子どもに考えさせるフレーズに変わっていきます。

2 「あなたはできる子、という前提」で話す

子どものやる気をアップする話し方です。いきなり「あなたはできない」「ダメな子」とレッテルを貼られてしまうと、モチベーションも上がりません。

3 名前とあいさつで呼びかける

自分のことを見ていてくれる、認めていてくれている、と感じる呼びかけ方です。
無関心であることは、子どもに諦めさせてしまいます。

point 7

「あなたはできる子」前提で話すとやる気がアップ！

子どもは「あなたはダメな子」「いつもやらない子」と思われていると思うと、いい気持ちはしないし、やる気も出ません。だから、ママについ文句も言いたくなるのです。それより、「できる子」を前提に話したほうが子どものやる気はアップします！

「あなたはできると思うけど、今日は何からやる？」

「あなたならきっと簡単だと思うけど、夕飯までに1つでもいいから、宿題を終わらせようか！」

「上手にできました！　次もぜったいにできるよ！」
「すごくかっこいい！　やっぱりできるね」

これなら、どの子も張り切ってやってみようと思います。子どもをいい気持ちにさせて、やる気がアップすれば、ママが子どもの気持ちをコントロールできるようになります。

point 8 「名前＋あいさつ」でママの言葉に耳を貸すようになる

「子どもが話を聞かない」。どんなママもそんな悩みがあるものですが、これ、ちょっとした工夫で言うことを聞いてくれるようになります。

「子どもはほめて育てるとよい」とわかっていても、日々の子育ての中で、とくにほめることがなかったらどうしたらいいの？

そんな時は、名前をつけて呼びかけるだけでも、子どもは自分の存在を認められていると自信を持ち、ママの言葉に耳を貸してくれるようになります。子どもが、こんなちょっとした工夫でいい気持ちになれば、ママのストレス軽減にもつながるんです。

ママのストレスをなくすために！子育てをもっとラクにする方法

わたしがご相談の際にお伝えするこの『ラク』というのは、単に誰かに任せてしまうことでも手抜きをすることでもありません。

子どもの『やる気』と『自信』を引き出すことです。

本来子ども自身が持っている才能がどんどん花開いて自立することができると、子育てがとてもラクになったと感じます。わかりやすく言いますと、ママがやって欲しくないいなと思うことやイライラすることを、子ども自らがやらなくなるということです。

わたしのメソッドでは、それを子育てをすることで、最初に『ママ自身が輝き』、次に、『子どもの才能を開花させる』ことを目指しています。

point 9

子どものやる気と自信を引き出す『ちょっとした変化』と『あたりまえを認める』言葉

ここでは、その方法をいくつか具体的にご紹介しますね。

●「子どもの目に見えたこと」「ちょっとした変化」を言葉にする

ここでは、承認と呼ばれるコーチングのスキルを使いましょう。

ほめるのは、何かできた時にほめるのではなく、誰かと比べてほめることでもありません。**子どもの「存在そのもの」を認めていくこと**です。

具体的には**「目に見えたこと」や「ちょっとした変化」を言葉にするのです。**

それは、「あなたのことをよく見ていますよ、関心を寄せていますよ」というメッセージでもあります。

週末、重たい荷物を持って帰ってきた時に、「今日の荷物は重いね」、汗びっしょりで帰ってきた時は「汗いっぱいかいたね」と。外から帰って、ひとりで手洗いうがいをしたら「きれいに洗えたね」など、日常生活の中で、たくさん子どもを認めることはあります。

●あたりまえのことを認める

いくらほめようと思っても、気がつくといけないことをやっていたということも多いでしょう。そこでおススメしたいのが、一見、あたりまえと思えることを言葉にして認めることです。

たとえば、朝起きて学校へ行く準備をしている時、**「学校へ行く準備しているんだね」と認めます。**あたりまえのことを認めるだけなので、きっと毎日使えるでしょう。

●子どものよいところはその時その場でほめる

子どものよいところは、その時その場でほめることが鉄則です。あとからほめられるより数倍うれしく感じられます。

朝起きて大きな声で「おはよう」と言った時、「すごいね、大きな声であいさつできたね。朝からママも気持ちいいわ」とすぐにほめます。

●具体的にほめる

子どもがよいことをした時、その子どもの個性を大いにほめましょう。

公園で小さい妹の手を引いて、ブランコに座らせてあげた時、「わあ、さすがお兄ちゃん、妹に優しくていいね。ありがとう！」と、どんなふうに素晴らしいのか具体的にほ

子どもの「やる気」と「自信を引き出す」方法

1. 子どものちょっとした変化を言葉に
2. あたりまえのことを認める
3. よいところをその場でほめる
4. ここがいいね！と具体的にほめる

めましょう。

ママと買い物で大きな荷物を持ってくれた時、「わあ、力持ちね。こんな重い物を運べるのね」と、子どもの力のあるところをほめます。ほめられた子どもは、自己肯定感がとても高くなります。

2章

ママのココロ貯金のため方

～キーワードは『子どものココロ貯金』～

ココロ貯金には「ココロの豊かさ」や「ココロの余裕」がたまっていく

ココロ貯金がたまると前向きパワーがUP!

人はみんな心の中に貯金箱を持って生まれてきます。ママになったあなたも、子どもの頃からずっと備わっているんです。これを「貯金箱」と呼んではいますが、**ココロ貯金にたまるのは**お金ではありませんし、品物でもありません。

たまるのは、**人としての「豊かさ」や「余裕」。ママなら、「子育てを楽しめる気持ち」**です。

point 10 『自己肯定感』も上げる! ココロ貯金

ココロ貯金は、毎日楽しいことやうれしいことがあると少しずつたまっていくシステムになっています。〝赤ちゃんの寝顔を見てかわいいなあ〟〝子どもの笑い声を聞くと楽しいな〟〝子どもの頑張りを見て感動するな〟〝おいしいものを食べて幸せだなあ〟〝富士山って美しいな〟という気持ちになれると、脳内で三大神経物質のひとつのドーパミンが分泌され、「楽しいな〜（快感）」や「よし！やるぞ（前向き）」の感情を促進していきます。このことが、ココロの貯金箱に『豊かさ』や『余裕』をもたらしてくれるのです。

そして、ココロ貯金がたくさんたまっていると、ココロが豊かになり、いま話題の『自己肯定感』や自己評価が高くなることは、大勢の研究者も語っています。

『自己肯定感』とは自分を認められること。「わたしは自分のことが好き」「わたしはかけがえのない大切な存在だな」と思い感じられることです。

自己肯定感を持った人は、毎日を楽しく感じ、チャレンジしようと意欲が出ます。困難や問題にぶち当たってもくじけずに乗り越えるパワーが備わるのです。そうなれたらストレスも軽減でき、自分らしさを見い出せるので子育ても前向きに感じることができます。

でも残念ながら、いい気持ちや楽しい気持ちは、ずっと続くわけではありません。家事に育児に仕事と、1つでも思い通りにいかなくなるとストレスがたまってココロの貯金箱に穴が開き『豊かさ』や『余裕』が漏れ出してしまうんです。

ママのココロ貯金をためるにはどうしたらいい？

まずここで、**子育て中はココロ貯金をためにくい状況**ということをわかっておいてください。

子どもを産んだあと、ママは持っているエネルギーを子どもに向けて出す一方です。毎日、毎時間子どもの世話をし、全神経を子どものために使い果たす、アウトプット状態がしばらく続きます。

となると当然、自分のために使うエネルギーはほとんど残っていないので、ストレスはたまっていきますよね。そしてイライラが始まります。1つイライラすると、1つママのココロ貯金は減っていきます。これは子育てのシステムそのものが非常にイライラしやすい状況になっているからです。

子育てがもし仕事だとしたら、めちゃめちゃ夜遅くまでやっているので、その対価としてお給料が高くなりますよね。また、もらったお給料で海外旅行をしたり、お酒を飲んでおいしいものを食べたりもできます。

でも、子育てをし始めたら、余暇を楽しんだり自分磨きの時間なんてありません。時間と行動範囲が子ども中心になります。とくに、朝と夜は、「早く早く」と子どもをせかしながら何とか学校や幼稚園などに間に合うようにしなくてはいけませんし、乳児ならひと時も目を離すことなんてできません。ママがひと休みする時間は激減し、だんだんとママのココロ貯金は減っていくばっかりに。

だから、イライラするのもあたりまえですね。他のママのことは、わかるようでわからないので、自分だけが怒っているような気がしてきますし、外で会うママは優しくて、おしゃれでステキなのに、自分はどうしてこんなにボロボロなの……と卑下し、自分だけ悪い母親のように思えてしまうのです。

point 11 自分をほめるとココロ貯金がたまっていく！

じゃあ、ママ自身のココロ貯金をためるにはどうしたらいいの？

それは「自分をほめること」「自分の話を聞いてもらうこと」です。

いま、わたしはクローズドで、フェイスブック『ママほめ』を無料でやっています。

『ママほめ』とは、自分で自分をほめた話を投稿するだけの単純なページです。積極的に会員を集めていないにもかかわらず、いま、千人ほどの人たちが集まっています。

ちょっと聞くと、自己満足な人の集まりに思えてしまうかもしれませんが、子育てで疲れているママの多くが、ほめられたい、ねぎらいの言葉をかけてもらいたいと願っているのがすごくわかります。

主婦業や母親業ってお給料にしたらすごい金額ですよね。それを無料でやっていて、常に全力で向き合っている。それなのにママをほめてくれる人って少ないんですよ。いいえ、誰もいないかもしれません。
パパもおじいちゃんもおばあちゃんも、赤ちゃんには「いい子ね、かわいいね」と、たくさん声を、愛情をかけてくれるけど、一生懸命に子育てしているママのことは、誰も気にかけてくれない。
だから、自分でほめるしかないんです。

フェイスブック『ママほめ』では、最初に誰かが自分をほめるコメントを書きます。「今日はお天気がいいから頑張って洗濯機2回も回しちゃった！　わたしってすごい！」と。コーチングの用語ではこれをセルフトークというのですが、それをSNSでやっています。お互いに「いいね」を押し合い、みんなが書き込みをするんです。

さらに、お手軽にココロ貯金をためたいなら、自分で自分をほめましょう。「わたしよくやった偉い！　ちょっとご褒美にケーキ食べちゃえ！」みたいに。

ほら、ちょっと気持ちがラクになってきませんか？　家事・仕事を終えた時、「わたしってすごい！　もうお風呂を洗い終わったわ」とほめて、ほんの少しでも自分に時間を使いましょう。大好きなドラマの録画を見てもいいし、好きなお菓子を食べてもいいです。そうすると、次のことを頑張れる意欲が出てきます。

子どもに、ほめてもらうのも効果的

もし、お子さんが話を理解できるくらいの年齢なら、お子さんに向かって自分（ママ）をほめる言葉を言ってもいいでしょう。

たとえば、おいしいチャーハンをつくれた時など、

「ママ、すごいでしょ。こんなおいしいチャーハンがつくれるのよ」って。

小さくて素直なうちなら、「ママすごいね！　おいしいよ」とほめてくれるかもしれません。子どもにほめられる感覚って、とってもうれしいんですよ。

人からほめられると、その喜びを知ることができます。本当は、ママだってたくさんの人にほめてもらいたいのです。そうすれば、ママも子どもをほめる大切さを身をもって知ることができると思います。

ココロ貯金がたまるとどうなる？

- ●ココロ貯金がたまると前向きな気持ちになれる。
- ●ココロ貯金がたまると、自分を好きになる「自己肯定感」が高まる。

ママのココロ貯金のため方

- ●ママ業をこなしても誰からもほめられない時は、ママが自分をほめちゃえ。
- ●友だちでも、家族でも、自分の話を聞いてもらおう！

ママのココロ貯金を減らさない根本的な方法

急場しのぎの方法は本当の解決にはならない

ママのココロ貯金をためるにはストレスを軽減させること。そのためには、抱えている不安や愚痴を人に聞いてもらったり、頑張っている自分をほめるのがいちばんよい解決方法とご説明いたしました。

でも、ごめんなさい。じつはこの方法には欠点があります。それは、その場の一時しのぎであり、長続きしないことです。

もちろん、困っているママには、おススメの方法なんですよ。

でも、愚痴を言い合ってその時スッキリしても、また同じことがくり返えされるでしょう。自分をほめていい気持ちになる脳内物質ドーパミンの効果には、残念ながら持続性がないのです。

ではどうしたらいいのか。**ココロ貯金の穴をふさぐ抜本的で、根本的に解決できる方法**があります。それは、子育てをラクにすること＝「**子どものココロ貯金をためること**」です。

point 12

ママのココロ貯金を減らさないためには『子どもに自主性をもたせる』こと

1章でもお話しいたしましたが、**ママのストレスを大きく占めているのは、何といっても子育て**です。

もし、子育てのストレスがなかったら、ママはもっとラクに生活ができることでしょう。仕事や夫、自分に対しての不満や不安は発散が可能だからです。好きなことや楽しいことをすれば、嫌なことも多少は忘れられるでしょう。その場から離れるだけで気分転換だってできます。

ところが、子育てはそういうわけにはいきません。いま目の前にいる、何を考えて何をしたいのかわからない子ども。その子どもの感情を上手くコントロールすることはとてもむずかしいものです。

しかも、ストレスを発散しに、ママがひとりで旅行に出かけたり、子どもが泣いているのに自分だけグーグーとお昼寝しよう、なんてことはできませんよね。

じゃあ、ママはいつまでも子育てにストレスを抱えたままなの？　いつまで経ってもママのココロ貯金は減り続けるの？

いいえ。わたしはそうは思いません。

そこでご提案したいのが、「子どものココロ貯金をためること」。もともと子育ての悩みを解決する一手として「子どものココロ貯金をためる法則」を考えたので、これは使えると思います。

子育てストレスの主な原因は、子どもがママの言うことを聞かないこと。ママの想像を超えた言動や行動を起こすことです。成長途中の子どものそういう言動や行動を少しでもなくし、**「自主性をもたせること」で、ママの子育てはもっとラクに楽しくなって、ココロ貯金も減ることがなくなっていく**と思います。

子どものココロ貯金の5つの法則と対策

ママのココロ貯金をためるには、子育てにおいて、**ママのストレスをなくすこと＝子どものココロ貯金をためて、自主性を育てることがいちばん早いです。**

では、どうやって子どものココロ貯金をためたらよいでしょうか。

子どものココロ貯金は、ママのココロ貯金とはちょっと違っていて、貯金が漏れていたり、足りなくなってくると、さまざまな伝達方法で訴えてきます。その訴えがストレートの場合はまだよいのですが、カーブしたり、変化球だったり、魔球だったりすることもあるので、大人は、これがココロ貯金不足であることを見過ごしてしまいがちです。

その受け方を間違ったり、そのまま放っておくと、子どものココロ貯金が漏れていくことになり、子どものココロに不安を残すことにもなっていきます。

①
ココロ貯金が少なくなると子どもは意欲を出し惜しみする
②
いまからココロ貯金しておかないとあとで請求がくる
③
ココロ貯金が足りないとわざと怒られることをする
④
無条件の愛情を注がれると残高キープ
⑤
ココロ貯金は万能困ったらためるとよい
子どものココロ貯金5つの法則

point 13

子どものココロ貯金の法則を覚えておこう

①ココロ貯金が少なくなると子どもは意欲を出し惜しみする

　ココロ貯金の残高が少ない子は、前向きで意欲的な行動をとると、自分のエネルギーがなくなりそうな気がして、エネルギーを温存するようになります。具体的に説明すると、他の人に優しくできなくなります。

「人に優しくしなさい」と

言っても、その意味を理解できていないので何も変わりません。

そんな時には遠回りのようですが、子どもが落ち着いている時に**プラスのふれあいをして、子どものココロ貯金をためましょう。**

とはいえ、子育て中はガミガミ・ネチネチ怒るようなココロ貯金の「ディスカウント」をしがちです。わたしはそれをガマンしなさいとは言いたくありません。ガマンをすればそれだけストレスがたまるからです。

じゃあどうしたら？

ママが『できる時』に、子どもにプラスのふれあいをすればいいんです！　ママのココロに貯金がたまっている時こそ、子どものココロに貯金がたまりやすくなります。

子どものココロが安定してくると、結果的にママが怒ることは減り、ママの言うことをきちんと理解してくれるようになりますよ。

②いまから貯金しておかないと、あとから請求がくる

ココロ貯金の講座をすると、ママたちによくこう聞かれます。「ココロ貯金をためるのは何歳からがいいですか？」と。

乳幼児からでも大丈夫です！　できれば小学生のうちに始めてください。そうでないと、

子どもはあとから手がかかるようになりますし、ココロ貯金は、子どもの年齢が上がると自然にたまるものではありません。ココロ貯金をためるには、何歳になっても愛情を注ぐ必要があるからです。

十分に親の愛情を感じられずに育った子どもは、思春期以降、親より体も態度も大きくなってから、利子をつけた不足分をきっちり請求してきます。「あなたからの愛情を十年分もらえていません」というように。しかも思春期の子は、言葉でそういうのではなく、激しい反抗という手段を使って親のエネルギーを奪いに来ます。そうなると子どもは、親

の愛情をもらうまでいつまでもあきらめません。乳幼児～小学生の時期に始めて、少しずつ貯金のため方を知るようになれば、後々に大きく請求されるのを防ぐことができます。

もちろん、思春期になったらもう諦めないといけないのか、ということではありません。思春期の子どものココロ貯金についてはちょっと特別なテクニックを要する、というだけなので、それについては、また機会がありましたらお話しいたしますね。

③貯金が足りないとわざと怒られることをする

子どもは、自分が親から放っておかれている、ママに見てもらえないと感じるとわざと親に怒られることをやり始めます。本当は、「大好きだよ」「大事な子だよ」と言われたいけれど、もっとスキンシップして欲しいけれど、いままでそうされてこなかったし、これからも無理そうだと思えば、無視されるよりはましだと、わざと怒られる行動に出ます。

子どもにも大人にも、いちばん嫌なことは無視されること。子どもが怒られる行為をするのは「無視しないでこっちを向いて」というサインと考えて、早めに貯金をためましょう。

④無条件の愛情を注がれると残高がアップ

何かできた時に子どもをほめることはあたりまえです。すると子どもはほめられることがうれしくて、その行動を続けるようになります。

子どもが幼い頃は、立っただけ、歩いただけで大喜びされますが、大きくなると親がほめるハードルがどんどん高くなります。「この程度はやってあたりまえ」となってきますし、子ども自身も、そう思うようになり、ますますほめることがむずかしくなってきます。

そこで、ある程度大きくなってきたら、何か成果があった時にほめるのではなく、**できてもできなくても子どもの存在を認めることが大切**です。これが無条件に愛情を注ぐことなのです。

具体的には、目に見える、子どものちょっとした変化を「いっぱい汗をかいてるね」「速く走れるようになったね」と、言葉にして伝え、『大好き』『大事な子』

ただいま！
おかえり～
いっぱい
汗かいたね

いつも
だ～いすき！

『あなたの味方よ』と、魔法の言葉を口にします。「ママはわたしを認めてくれている」と子どもが感じれば、これほどココロ強いことはありません。

⑤ココロ貯金は万能

わたしの電話相談には、「うちの子、○○をやらないんです。どうしたらできるようになりますか」と言う方もけっこういらっしゃいます。そんな時わたしは、「何よりも先に、いま不足しているココロ貯金をためましょう」とお答えします。ココロ貯金は、自動車で言えばガソリンのようなものなんです。

たとえば、車が道路の真ん中で立ち往生してしまった時、力づくで後ろから押すよりガソリンを入れて走らせるほうが早いです。仮に十個の悩みの解決方法を伝えるよりも、ママと子どもの両方に効果的なココロ貯金のため方を提案します。すると、具体的な対応策をお伝えしていない時でも、次々に子どもによい変化が見られるようになります。

これは、**子どもに最も大切な自己肯定感が高まったことで、能力全体が底上げされるからです。対処療法ではなく、普段から病気にならない体づくりをするイメージ**です。

多くのママは、2~3か月で、子どもとご自身の変化を感じられて、電話相談を無事に卒業します。一見遠回りだったり、少々面倒なことをしているようにも見えますが、子どものの**困った行動が目立つ時は、ココロ貯金をためるのが一番の近道**なのです。

子どものココロ貯金の5つの法則とその対策

●ココロ貯金が少なくなると子どもは意欲を出し惜しみする。『プラスのふれあい』でココロ貯金をためよう。
●いまから貯金をしておかないとあとで請求がくる。幼児〜小学生の時期には始めよう。
●貯金が足りないと、子どもはわざと怒られることをする。そんな行為をするのは、「ママ、無視しないでこっちを向いて」というサインと考えよう。
●子どもは、無条件の愛情を注がれると残高がアップする。できてもできなくても、子どもの存在を認めることが大切。
●ココロ貯金は万能！　子育てのいろいろな「困った」に使えるので、ためておくとママがラクになる。ストレスも軽減される！

子どものココロ貯金を増やすふれあいアプローチ

人はみんな心の中に貯金箱を持って生まれてきます。そして**子どもは、ママとたくさんふれあうことで、どんどん貯金がたまっていきます。**この貯金の残高が高いと、お子さんは劇的に変わり始めます。

たとえば、お手伝いや勉強など何かができた時にほめることを「条件付きのふれあい」と呼びます。教育やしつけでは、その都度ママが「言葉と行動」で、子どもをほめることがとても大切。でも、何かできた時にだけほめられるというのは、それができない時にはほめらない、ということになります。

「お手伝いをしてよい子ね」「100点を取ったから偉い」「ひとりで○○できたなんてすごいね」と**いつも条件付きのほめ言葉では、ママが期待していることを読み取ってそれ**

だけをやろうとしたり、常にママの顔色を伺いながら生活したりすることになります。ママの期待に添わないと怒られるので、自分の存在そのものが否定されたように感じてしまうのです。

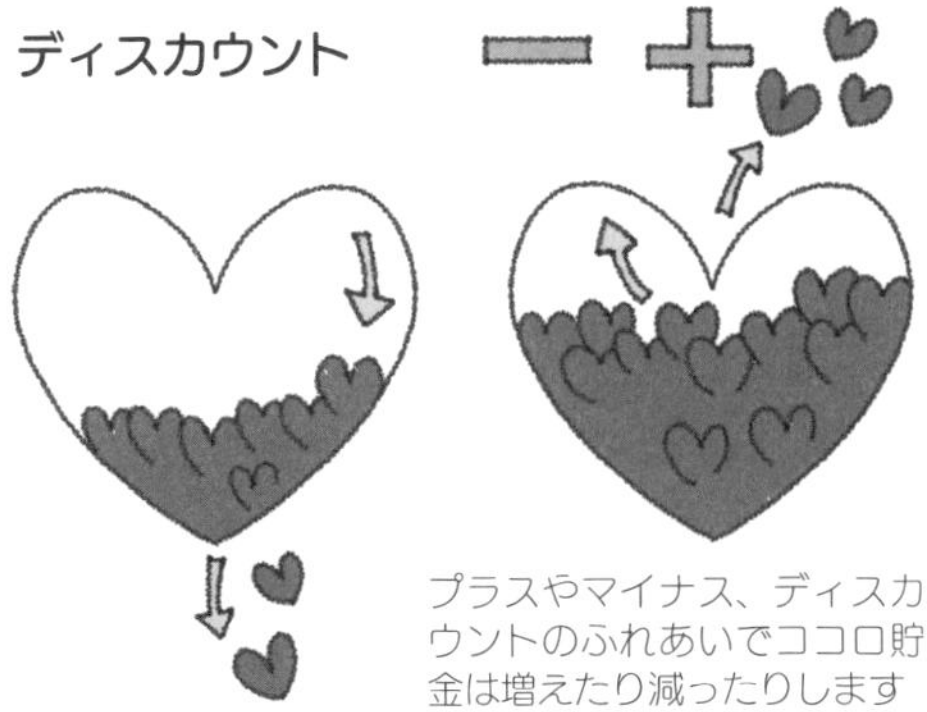

プラスやマイナス、ディスカウントのふれあいでココロ貯金は増えたり減ったりします

point 14 無条件のふれあいで子どものココロ貯金は増える

子どもは、生まれた時から無条件に注がれる愛情を求めています。そのピュアな気持ちに答えるのが、子どものココロ貯金をためるポイントになります。

大切なのは、条件を付けず、「あなたが大好き」「あなたの味方」「生まれてきてくれたことがうれしい」と子ども自体を認めて、愛情を伝えること。これが、『無条件のふれあい』です。これなら子どもの存在そのものを認めていることが伝わります。

無条件に愛情を伝えられて育つと、自分に自信が持てるので、意欲的になり、自分以外の人を思いやれる優しい気持ちが育まれます。無条件のふれあいをたっぷり伝えると、子どもが持っているココロの貯金箱が、丈夫になり、たくさんためることのできる頑丈な貯金箱になります。
この貯金箱は目には見えませんが、たまった時は子どもにそのサインが現れます。子どもの表情が明るくなり、笑顔がたくさん見られるようになります。ぜひ、お子さんの表情をしっかり観察して、たまったかどうかを確認してみましょう。

point 15 スキンシップの『プラスのふれあい』で貯金残高がアップ！

さらに、子どものココロ貯金の残高をためるのに有効な、『プラスのふれあい』も使いましょう。

具体的なやり方をお伝えします。
まずは、**1日3回子どもの体にふれてみてください。**たとえば、

① 朝起こす時にそっと体にふれる
② 「●●ちゃん、お帰り」と言いながら頭に手を置く
③ 体をくっつけて添い寝する

子どもはママからふれられると、脳にダイレクトに「快」の感覚が伝わります。理屈抜きで子どもは、「ママに大切にされている」と感じることができるので、たくさんココロ

プラスのふれあい

ココロへ

子どもの話をよく聞く、うなずく、相づちを打つ、認める、よい返事をする、名前を呼ぶ、あいさつをする、ちょっとした変化や目に見えたことを言葉で伝える、感謝をする、微笑みかける、見守る、信頼して任せる、成長を喜ぶ、身を乗り出す、いっしょに遊ぶ

カラダへ

抱っこする、おんぶする、手をつなぐ、頭をなでる、添い寝をする、体をさする、肩にふれる、肩車をする、授乳をする、頬ずりをする、マッサージする、髪をブラッシングする、膝に座らせる、体をくっつける

貯金がたまります。

たとえば、朝、体にふれて起こす、「行ってらっしゃい」と言いながら頭に手を置く、子どもの髪の毛をといて、「〇〇の髪って、さらさらだね〜」と言って頭をなでる。「大きくなったね、もう抱っこは無理かな」と言いながら抱っこしてみる。

はい！　これで3回子どものココロ貯金がたまりました。

これ以外でもどんなやり方でも大丈夫です。優しく体をさすったり、頬をなでたり、肩に手を置いたり、手をマッサージしたり。とにかく、笑顔で子どもにふれてください。

たくさんのプラスのふれあいを受けて育った子どもは、ココロ貯金がたくさんたまっているので、いろんなことに頑張ることができます。たとえ失敗しても、たくさんの愛情を受けているので、ココロが強くなっています。ちょっとやそっとでは折れません。

さらに、子どもは、ママからどうやったらプラスのふれあいをもらえるかを日々模索し、いつの間にかそれが生き方の根幹となっていきます。

point 16 「マイナスのふれあい」は少しだけに

同じふれあいでも、マイナスのふれあいもあります。マイナスと言っても、悪いわけではありません。子育てでは、マイナスのふれあいも必要になることがあり、プラスもマイナスも、どちらもココロ貯金になります。

しかし、マイナスの関わり時間が多く・長くなると、子どものココロは次第に不安定になります。

マイナスのふれあい

叱る、厳しい顔で見る、注意する、忠告する

ちょんと押す

point 17

「ディスカウント」は子どものココロを傷つける危険な行為

もうひとつ、ココロ貯金に関わることがあります。それは『ディスカウント』です。

叱ったり、注意したり、お説教するのは子どものことを考えて行ってしまうマイナスのふれあいですが、『ディスカウント』は、ガミガミと感情をぶつけたり、皮肉や嫌味を言ったり、けなしたり、無視したり、無関心を装ったり、仲間はずれにすることです。

これらの**ディスカウントのココロのアプローチは、ココロ貯金箱の下に穴があき、**

ディスカウント

ココロへ

ガミガミ言う、イヤミを言う、
皮肉を言う、無視する、
仲間はずれにする

カラダへ

なぐる、蹴る、暴力をふるう、
突き飛ばす

せっかく、いままでためたココロ貯金が漏れてしまいます。それだけでなく、子どもの人格を傷つけてしまう危険な行為です。

point 18 ココロの体質改善はスモールステップで

自分の子どもには、たくましく、落ち着いた子に育って欲しいなど、ママにはいろいろな思いがあります。でも、大きな声で毎日叱責してもそうはなりません。

子育ては急がば回れです。まずは、ココロ貯金をコツコツとためることで、子どものココロの体質改善をしましょう。

ココロ貯金は、ゆるやかに効く漢方薬のようなものです。じわじわとお子さんにやる気と自信を育みます。

とくに小さなお子さんには、かなり即効性があることもわかっています。毎日少しずつ、ココロ貯金をためていき、それが1か月くらい経つと子どものよい行動に現れてきます。そうすると、ママのココロ貯金もどんどんたまっていくので、よい循環になり、わたしの子育て相談でも多くのママが3か月以内に卒業していくのをたくさん見ています。

また、このココロ貯金は大きくなっても使えます。中学生、高校生、その先まで使えます。話を最後まで聞く、目に見えた変化を言葉にするなど、子どもが成長してもできることはたくさんあります。子育てに遅すぎることはありません。

よく、「大きくなったのに、下の子がいるのに、抱っこなんかしてそんなに甘やかしていいのかしら?」と言って心配されるかもしれません。しかし、ここでいう、**甘やかすと甘えさせるは違います。**

甘えさせることは、「大好きよ」と**愛情を言葉で伝え、スキンシップをすることです。**これはプラスのふれあいにあたります。これは子どもが欲しがるだけ十分に与えてもいいものです。もしも足りないと、ココロが不安定な子どもに育ちます。

一方、**甘やかすことは、モノやお金で子どもを釣ったり、子どものすることを待てずに**

ママができる『プラスのふれあい』で子どもが変わるコツ

1 気軽にふれあう

2 子どもの目を見て話しをよく聞く

○○今日寒かったね
そう！学校に霜がおりたよ〜

3 一緒に何かをやる

○○この絵本おもしろいよ ちょっと見てみて〜
えほん

4 子どもが提案してきたら、それを認めるように言葉をかける

この本を読んでみたいんだけど
私もその本好き〜！
一緒に読もう

5

おっ！きれいだね

子どもが自立を見せたら、それを認めて大いに喜び、「ありがとう！」の感謝の気持ちも伝える

先回りしてやってしまうことです。甘やかすとママの愛情を十分に感じられず、要求はとどまらなくなります。

point 19 『プラスのふれあい』は夫婦間にも効く

大人も、みんな他者から認められるなどプラスのふれあいを求めて生きています。もちろん、会社や学校でベタベタするのはよくありません。セクハラなんて言われないようにしてくださいね。大人のふれあいはコミュニケーション上のもの。笑顔で相手の話を真剣に聞く姿勢でふれあってください。

家の中でもプラスのふれあいができると、ママとパパのココロ貯金もたまり、家族が仲良くなります。些細なケンカや意地の張り合いがなくなったり、パパに対して違う視点を持つことができるようになって、子育てのことで腹が立つこともなくなっていくでしょう。

貯金箱から漏れることもある

ココロ貯金が長く減り続けると、ココロに負債を抱えることになります。負債を抱えた子どものやる気はダウンし、返済するまでに時間がかかり手間取ります。さらに、この負債は逃げ切ることはできません。わが子という借金取りが押し寄せてきます。

ここは、負債をためないか、返済をするかのどちらかになりますが、どうせ逃げ切ることができないのならば、大きな借金になる前にココロ貯金の貯蓄をおススメします。このココロ貯金は、利回りは最高です!「わが子のやる気」という利息が倍々でついてきます!

point 20

子どものココロ貯金の残高が多いと自立のための努力ができる

ココロ貯金は、やる気を引き出し、伸びる子を育てるためのシンプルな考え方になります。

貯金箱に入るものを多くし、出るものを少なくすることです。ココロ貯金の入りが多くて出ることが少ないと、子どもの困った行動は減少します。

しかし、ココロ貯金が少ないと、困った行動が増えます。小手先で子どもを動かそうとしても、その場限りに終わります。仕方なく子どもがよい行動を示しても、しばらくしたら、すぐに元に戻ってしまいます。

まずは、ふだんからココロ貯金をためましょう。子どもは、貯金残高が多ければ、ココロロが安定し、ママの言うことを素直に聞くようになります。勉強や毎日の生活で自立するための努力ができるようになります。自分は愛されている、いまの自分でも大丈夫と思える自己肯定感が育っています。

子どもが成長し伸びていくためには、頑張ろうとする意欲とエネルギーが必要です。そのエネルギーの元になるのが、ココロ貯金なのです。

子どものココロ貯金を増やすふれあいのコツ

- 「あなたが好き」「あなたの味方」「生まれてきてくれてうれしい」など、子どもの存在そのものを認める「無条件のふれあい（愛情）」をココロがけよう。
- 体に優しくふれながら声をかける、「プラスのふれあい」が有効。
- 「マイナスのふれあい」は、少しだけ。「プラスのふれあい」よりも増やさない。
- 子どものココロと体にダメージを与える「ディスカウント」は、ココロ貯金を減らす危険な行為。要注意！

ママ！ここもCheckね！ colum

子どもを怒り過ぎたと思ったら「ごめんね」とあやまることも大事

子どもがやってはいけないことをした時、叱ることはあたりまえです。でも、怒りが収まらず、いつまでもネチネチと怒ってしまうことがあります。

みんなそうです。自分の感情がコントロールできない、それは多くのママの悩みでもあります。

１章でもお伝えしたように、わたしの電話相談での究極の悩みは、子どものことより自分自身の感情をコントロールできないことです。

わたしたちの心の中には、「これだけは許せない」という怒りの地雷があり、その地雷を子どもが踏んでしまうので、収まらない大きな怒りの感情が湧くのです。

忙しい子育てママが今日からすぐにできる言葉かけをお伝えします。

「言い過ぎたね、ごめんね」とあやまること。多くのママは子どもを怒り過ぎて自分を責めるのです。

でも、自分を責めてしまうとママ自身のエネルギーが低下してしまいます。子育て中のママは、自分を責めている暇はありません。図太いママにならないと。

ママがあやまることで、「あなたが嫌いだから怒ったのではない」ということを子どもに伝えられます。

あまりに怒り過ぎると、子どもは、ママは自分を嫌いだから怒っているのかと勘違いしてしまうことがあるからです。

もうひとつ、「悪いことをしたらあやまるという方法がある」と、子どもに伝えられます。

あやまっているママを見たら、子どもはそれをお手本にします。

口が達者な子どもの場合、「ママは言い過ぎなんだよね」と言い返すこともあるでしょう。そんな時は、「そうだよね」と返しましょう。子どもはすぐに収まります。

3章

子どもの
自己肯定感の高め方

～ママが感情的に怒らないですむ方法～

ココロ貯金がたまると子どもの成長に欠かせない『自己肯定感』が育つ

『自己肯定感』という言葉をご存知ですか?

簡単に言うと、「やる気」の大もとみたいな感じです。最近話題になっているキーワードでもある『自己肯定感』**は、子どもの成長に欠かせない力**になります。

たとえば「学校に行きません」、「いじめられてばかりで困ります」というご相談をいただいた時に、どうすればいじめられないかは、もちろん大切だとお伝えします。

そしてもうひとつ、本人に自信を持たせれば(自己肯定感が高い子ども)いじめられにくくなることもお話しし、まず最初に、**自己肯定感を高めること=ココロ貯金をためること**からご説明していきます。

point 21

3ステップのコミュニケーションで『自己肯定感』を育む

子どものココロ貯金をためる（自己肯定感を育てる）のに大事なのは「コミュニケーションを重ねること」。それは、ごく簡単な言葉を交わすことから始めます。

運動会の練習シーズンだったら、「練習お疲れ様だねえ」「みんなも大変だね」と、子どもの様子を見て会話をします。そして、子どもが答えたら、「な～るほどね」とコミュニケーションを重ねていきます。

会話のキャッチボールができるようになると、子どものココロ貯金がたまり、自己肯定感が高まっていきます。仕事をしているママも大丈夫。仕事から帰ってきた時に「ただいま～今日は暑かったね」「あれ？日に焼けた？」などの雑談から入ればいいのです。

このコミュニケーションのスタイルには、大きく3つのステップがあります。

まず**1つ目は雑談。**2章のココロ貯金のため方でもお話しましたが、言葉を交わすことで「あなたをいつでも見ているよ」「あなたを認めているよ」ということが伝わります。

2つ目が一緒に何かをすること。料理をするとか、一緒に遊ぶとか、一緒にゲームをす

コミュニケーションを重ねよう

Step 1
雑談

子どもの様子を見て、「あなたをいつも見ているよ」が伝わるような言葉を交わし合う。

Step 2
一緒に何かをする

言葉に加え、ココロと体のふれあいをする。

Step 3
交渉する

上の2つができていて、初めてママが言いたいこと・伝えたい話ができます。

るなど何でもいいんですよ。ココロと体のプラスのふれあいがここで必要になります。

3つ目がいわゆる交渉ごとで、一番言いたい・伝えたい話をします。これはちょっとレベルが高いんです。

ネゴシエーションみたいな駆け引きや相談ごとは、ママと子どものココロに架け橋がかかっていないと決裂します。雑談からステップアップできないと、最後の「どうして○○しないの?」など、すぐに答えが見つかりそうもない話は、なかなかできないものです。

まずは、子どもの「今日めっちゃ腹立った」、「めっちゃおいしかった」などの雑談話に、ママが「そうなんだね」と、うなずく程度でOK。話の内容を肯定しただけですが、それで子どもは『自分を肯定された・認められた』ような気がします。それが自己肯定感を高めることにつながり、子どものココロは次のステップへと成長していくようになります。

point 22 『自己肯定感』を高めてココロの地盤を強める

子どもは、ママから『プラスのふれあい』をしてもらうと、どんどん「豊かさ」「余裕」の貯金がたまっていき、この残高が高いと、子どもに自己肯定感が育まれていきます。

これが反対に、残高があまりなかったり、減っていく一方になってしまうと、自己肯定感が低くなります。

ココロ貯金がいっぱいたまった子どもは、ココロの地盤に自己肯定感が育っているので、その上に大きな家を建ててもびくともしません。ところが地盤が弱い、つまり自己肯定感が育っていないと、大きな家を建てても、ちょっとした地震や台風などで家が揺れてしまうので、安心して住めなくなってしまうのです。

point 23

家族に大切にされた経験を積んで人を思いやり自分を大切にできる人に

人は、自分を好きになれないと、人を信頼し絆を結ぶことができません。そのためには、小さい頃から人に愛され、自分が大切な存在であると思える経験の積み重ねがカギになります。社会に出て自立するためには、たくさんの人の助けが必要です。その時に、自分が大切にされた経験があると、自分がもらったものと同じように、まわりの人にもたくさんの愛情を与える人になります。

たとえ失敗しても、まわりの人たちと協力し合ってやり直すチカラを発揮します。親としては、人は信頼できるものと思える大人になってもらいたいですよね。

自己肯定感とは？

●欠点や短所も含めて自分で自分のことを好きになれる

●自分は大切にされてよい、価値ある人だと思える

ママが頭ごなしに怒ると子どもの自己肯定感は下がる

ママのその怒り。9割は必要がない

みなさんは自分は怒りんぼママだと思いますか？　1章のママのストレスの箇所でもお話しましたが、ママはたくさんのことを抱えているので、ストレスがたまりやすい状態です。「いい加減にしなさい」「もう知らない、勝手にすれば」「バカじゃないの」「うるさい、何回言ったらわかるの」「わたしはこんなに子どもに合わせているのに、言うことを聞いているのに、何であなたはママの言うことが聞けないの？」なんて、あちこちからママの怒りと不満に満ちた悲鳴が聞こえてきそうです。

さらに、子どもを追い詰めてしまうほど徹底的に子どもを怒鳴りつけてしまった自分を責めてしまう人も少なくありません。大事な子どもなのに……そんなことのくり返しが子育て中にはよくあるパターンです。

自分を責めてしまうのは、「こんなにも怒る必要があっただろうか」と疑問を持っているからです。そうなんです。**ママのその怒りのほとんどは、本当は必要のないものなんです。**

でも子育ては、未完成の生き物である子どもと365日24時間休みなくつき合うもの。そのため、どうしても子どもの欠点が目について、子どもを怒鳴ってしまう……これは、子どもに健やかに育って欲しいという親の願いがある半面、適切な子どもへの対応法がわからないことからも起こります。

point 24

「怒るより、わかりやすく伝える」ことでマイナス思考をストップ

わたしはこれまで、子どもの自己肯定感の大切さについて強く伝えていますが、ママが怒ってばかりいると、この自己肯定感が育まれにくいものです。

怒られている自分はダメな自分。何をやっても上手くいかないし、それでもういいや

……と、マイナス思考になっていきます。自分のことが嫌いになっていくわけです。

できなかったり、失敗してしまったりするのは、その子の人格によるものではないことをママが理解してください。お子さんが**問題行動を起こしてしまった時は、何が悪かったのか、どうすればよかったのかをわかりやすい言葉で伝えてください。**

そして、その行動は悪かったけれども、くり返さなければよいことを伝えましょう。決して、本人の人格を否定しないように気をつけましょう。

point 25 子どもを叱るのは「危険なこと」と「迷惑をかけた時」だけ

わたしは、**子どもを叱るのは、次の2つだけ**だと考えています。それは、

●危険なことをした時

●まわりに大きな迷惑をかけた時

それ以外の**わがままやぐずぐずなどは、子どもに自己肯定感が高まることで大幅に減らすことができます。**叱らずにすむ工夫をすることで、不必要に叱ることがなくなります。

ママたちは、大きく収縮性のある堪忍袋を持っています。この堪忍袋は、ガマンして子

育てをしているのでパンパンになっています。そのため、子どもを叱ることをガマンするのはとてもむずかしいことです。子どものちょっとした行動で堪忍袋が破れてしまいます。

point 26 人格ではなく、したことを叱る

ママの怒りの原因は子どもの困った行動です。それを減らすためにも、子どもの自己肯定感を高めることが、何より重要と考えています。

自己肯定感とは、「自分を大切な存在だと思えること」。だから、**子どもを叱る時には、**「本当にあなたはダメな子ね」という人格を否定するような言い方ではなく、**「たたくことがダメなのよ」と、したこと（行為）を叱るように心がけることです。**

ココロ貯金がたまり、自己肯定感を育てるコツ

- 雑談・一緒に何かをする・交渉する、のステップでコミュニケーションを重ねる。
- 家族に愛されて育つと、人を思いやり自分を大切にできる人間に育つ。
- 子どもを叱るのは「危険なことをした時」と「まわりに迷惑をかけた時」だけ。
- 叱る時は、したこと（行為）を叱る。決して人格を傷つけない。

ママが怒らずにすむ わが子の自己肯定感を高める 会話と行動のすごワザ!

point 27

「わたしメッセージ」で ママの気持ちを具体的に話す

前述で、ママの堪忍袋は収縮性がある! とは言いましたが、悪いことは悪いと言い、よい方向へ導くためにも叱ることは必要です。

大事なのは、その叱り方が、子どもにとってマイナス思考にならないようにすることです。

子どもの自己肯定感を高める叱り方なら、すごくいいと思います。ではお教えしましょう。

ママが怒る時、ママの子どもへの願いや要求が強いとママの言葉は
「あなたは、なぜ、お手伝いができないの!」

「あなたは、いつもおもちゃを出しっぱなし！　どうしてそうなの」

となりますよね。この**「あなたは」を主語にした言い方を「あなたメッセージ」と言います。**ほとんどのママたちが、この言い方で怒ると思います。

でも、**「あなたメッセージ」で言われると、子どもは自分が責められたと感じます。**

「いい加減にしなさい！」も「（あなたは、）いい加減にしなさい！」という「あなたメッセージ」です。

あなたメッセージ
「主語はあなた（相手）」
相手を責めている言い方になりやすい。

では、その言葉の「主語」を、「あなたは」から「わたしは」に変えてみてください。**「ママは」を主語にした言い方を「わたしメッセージ」と言います。**

「（ママは）手伝ってくれるとうれしいんだけど」

「（ママは）出しっぱなしだと、ちょっと困るの」

わたしメッセージ
「主語はわたし（ママ）」
ママが求めていることを具体的に伝えられて、子どももナットク！

と、**「ママは」を主語にすると、叱っている感じにはならないので、子どもも責められた気持ちになりません。**

「わたしメッセージ」なら、本当にママが言いたいことがまっすぐに伝わるため、子どもにもわかりやすく、こちらが望む行動をすることが多くなります。

ちなみにわたしは自分の子育てでも、学校のカウンセラーとして勤務する時も、ぜ〜んぶ「わたしメッセージ」を使います。自分の言いたいことをまっすぐに子どもに伝えたいからです♪

「わたしメッセージ」で伝えると、子どもは聞く耳を持ってくれます。ママの言葉に耳を貸してくれれば、言葉の正しい意味を聞いてくれるんです。

それから、「ママが困っている」というフレーズもいいんですよ。子どもはママのことが大好きですから、ママを助けたいと思います。

「ママは、おもちゃが出しっぱなしだと片づかないから困っているの」と言えば、「よし、頑張って手伝おう」と思います。そこですかさず、「一緒に片づけてくれるの？　ありがとう！」とその行動を認めましょう。そうしたらもうこっちのもの。さっさと行動に移し、きれいさっぱりお部屋が片づきます。

きれいになった部屋を見て、子どももニコニコ笑顔になり、ママも笑顔になります。「きれいになったのね！　あなたのおかげよ」と、しっかり子どもの行動をほめましょう。これを他のことにも応用し、わたしメッセージで子どもの意欲を引き出してください。

point 28 ママが怒らなくてすむ「先手必勝！　3ステップ」

もう1つおススメのワザがあります。それは、**「先手必勝！　3ステップ」**です。

あなたが子どもに怒る時は、どんな時でしょうか。

「やめて欲しい！」「考えられない！」と思っていることを子どもが平気でしたり、または、何度もやる時ではないでしょうか。感情を抑えられなくてイライラして、ついガミガミ言ってしまいますよね。

そんな時は、**「先手必勝！ 3ステップ」**を使って子どもに話をしてみましょう。

たとえば、子どもと広いスーパーマーケットに行く時。スーパーは公園のように広くて、いろいろなものがたくさんあって、子どもには最高の遊び場ですよね。でも、走り回ってしまい他の人にぶつかったり、品物を落としたり、壊したりしそうで心配だらけ。

そこで、事前に話をしておくんです。


【ステップ1】

スーパーに入る「前」に必ず、大事なことを質問する。

ママ「これからスーパーに行くけど、何に気をつけるといいかなあ」

子ども「○○ちゃんは、ママの近くにいること！」（正論を言います）

Step 1

「事前」に
「気をつけること」
を話す

スーパ
お店で気をつけることは何かな？

【ステップ2】

「望ましい行動」を伝える
（注）「走らない」など、「否定語」を目標

Step 2

「望ましい行動」
を話す

Step 3

ママの気持ちを
「わたしメッセージ」
で話す

にしません。
ママ「そうだね。ママの側にいてくれると安心だなあ」
ママ「買う物をこのかごに入れてね」
【ステップ3】
「わたしメッセージ」で気持ちを伝える。
ママ「ママは、あなたが近くにいてくれると安心で楽しいのよね」

「怒らなくてすむ子育て」は、「望ましい行動」を「先に」「具体的に」伝えることです。

子どもは、事前に言っておいても忘れることがありますし、事前にきちんと言っていなければ、最初から意識もしません。また、よくないことをしているとも思っていません。

最後に笑顔で、「お〜、スゴイね」「さすがだね〜」「カッコイイね〜」「できたね〜」と、子どもをほめる言葉がけをしましょう。

完ペキを目指さず、少しでもよいところがあれば必ずほめてくださいね。子どもは、『望ましい行動』をすると、ママが必ず認めてくれることがわかれば、それを習慣化するようにしていこうと思うものです。

point 29 子どものわがままは、まずは『肯定して聞く』

ママが、子どものコーチやカウンセラーになる方法があります。

コーチとは、目標達成まで最短距離で向かえるように、質問や傾聴などの技術を使って、導いていく人です。人間は、現状や目標までの途中に悩みや不安が生じることがよくあります。悩みや不安がたくさんあると、それは人間の『心のブレーキ』になり、目標達成が困難に感じられてしまいます。

そんな時には、まず重い荷物を下ろさせるように、相手の話をただただ全面的に聞いていくことが先決です。これは子育ても同じです。

子どもがダダをこねる時は、それを頭から否定するのではなく、まずは、子どもの話を受け止めます。**具体的には、相づち・うなずきをしながら子どもの話をくり返します。**

お菓子をせがむ時ならば、漫画にあるように、「おかし食べたいよね」と、子どもの言うことを否定も説教もせず、ただ淡々と、くり返すように返事をします。

すると、だんだんとではありますが、子どもは自分の言うことをわかってもらっていると感じ、次第に気持ちが安定してくるのです。

ここでママが、大きなカミナリを落としてしまうと、子どもはママに自分の存在そのものを否定されたと勘違いします。そして、「ママに怒られたことが嫌だった」とだけ感じます。だから、おおげさなほど暴れたり泣き出してしまうわけです。

ママが子どものコーチやカウンセラーになれたら、子どもにはこんなに心強いことはありません。自分には、つよ～いバックがついていると感じます。

ママが子どもをむやみに怒らずにすむ わが子の自己肯定感を高める会話のコツ！

●ママを主語にして話す「わたしメッセージ」なら、子どもは責められている気持ちにならない。

●ママがして欲しくない行動を先手を打って予防する。「事前に話す」「望ましい行動を話す」「わたしメッセージ」で話す。

●子どもがダダをこねたら、相づちやうなづきなど、まずは「肯定して聞き」くり返す。

「ほめる」のではなく『認める』ことで子どもは伸びていく

よく、「子どもは、ほめて育てる」と言われます。それは、どのママもご存じでしょう。

でも、実際の子育てでは「ほめようと思う前に、子どもがやんちゃを言う」「いま、ほめることは、どこにもない」「どうしても感情的になってしまう」と、なりやすいのです。

では、どうしたらよいでしょう。

point 30 「ほめる」より『認める』と子どもは変わる

それは、**「ほめる」のではなく、『認める』ことを心がけるといい**のです。

「ほめる」は、子どもが前と比べてよくなった時にすることです。しかし、実際の子育ては、昨日よりも子どもがよくなることは少なく、子どもを注意することが多くなるわけです。

一方、**『認める』は、子どもの存在そのものを認めること**です。

いっぱい遊んだね
今日は残さず食べたね
今日は赤のシャツにしたんだね

たとえば、**「目に見えたこと」「ちょっとした変化」を言葉にする**ことなどがあります。

一見、簡単なことのように思えますが、これは、子どものことをよく見ていないとできません。わたしたちは、あまりにも忙し過ぎると、子どもがどんな表情で何をしていたのかよく覚えていないことがあります。

子どもは、ママが自分のことを見ていると思うだけでココロから安心を示すのです

認めることは「あなたをいつでも見ていますよ」、「あなたに関心を寄せていますよ」というメッセージになります。

point 31 存在を『認める』会話と3つの魔法の言葉

小学生以降のお子さんでしたら

「今日のカバンはとくに重たいね」「お疲れさんだ

ね」と学校に行ったことを認めます。

「最近、早く日が暮れるね」「手が冷えてるね」「今日電話をくれてありがとう」「明日は晴れるみたい、よかったね」とママが感じたことも言葉にしていきましょう。

具体的な言葉で言う場合は、この3つならとても効果があると思います。

1「ママはあなたが大好き」

2「ママはいつでもあなたの味方」

3「ママのところに生まれてきてくれてありがとう」

ママから愛情たっぷりの言葉を聞けた時、子どもはココロから安心を覚えます。そして、ママに信頼を寄せ、何かあったらママが助けてくれる、そんな気持ちになれるのです。

point 32 長所や得意なことを認めると『自己肯定感』が高まる《ストッキングの法則》

「ストッキングの法則」というものがあります。

ストッキングは一部分を上に引っ張ると、それに伴って他の部分も伸びていきますよね。

これは、子どもの能力も同じなんです。

子どもの存在を認める
3つ魔法の言葉

1. ママはあなたが大好きよ
2. ママはあなたの味方よ
3. 生まれてきてくれてありがとう

ママが子どもの長所や得意としている部分を意識して、それを一緒に喜び、認めていくことで、子どもの『自己肯定感』が高まります。

そして、興味深いことに、子どもは長所が伸びていくと、それ以外のあまり得意ではないことでも、やる気になったり、挑戦したりするようになります。

もし失敗したとしても、大きく落ち込まずに、次の手を考えて立ち直っていくようになり、とてもたくましいタイプの子どもに育ちます。

ママが、子どもの「弱点克服」だけに全力を注ぐと、結果的にガミガミ口調が多くなります。

そして、子どもの「ココロ貯金」の預金残高が焦げついてしまいます。焦げつくと、ますます子どもの気になる行動が多くなり、さらにママに怒られ…と悪循環におちいります。

point 33

「何？」の質問形で子どもに「自分で考えて行動させる」

自分で考えて行動できる子どもにしたいというのは、どんなママも思っているはずです。困難があっても乗り越えていけるような強い子ども、自分の考えをしっかり持って行動できる子どもになることを望んでいるでしょう。

そこでわたしは、**「子どもが自分で考える質問」をすることを提案**しています。

たとえば、「いま、困っているのは何？」「〇〇ちゃんは、どうしたいの？」「〇〇ちゃんは、どうするといいと思う？」と質問をしてみます。

そして、子どもなりの考えで構いませんので、「自分で考える練習」をしてみます。

たとえば、子どもが宿題に取りかからないとしましょう。そんな時には、

■ **「宿題って、何かあるの？」**（あるのがわかっていても、あえて言う）

■ **「何時から宿題できそう？」**（自分で決めさせる）

■ **「今日の宿題は何があるの？」**（子どもは、案外覚えていないので聞いてみます）

■ **「夕飯までに、やっておけるものは何？」**（やるべき内容が多い高学年向き）

それでもな~んにもやろうとしない時には・・・

■「どうしたらいいと思う?」が決めワザです。

ひょっとしたら、子どもは「わからない……」と言うかもしれません。もしそうだとしたら、ぜひ、いまからでも、自分で考える習慣をつけていきましょう。

子どもは、「経験」なくしては、「自分で考え・行動する」ようにはなりません。

子育ての最終ゴールは、子どもの「自立」。これこそが、ママのココロ貯金をためる、最大のポイントなんです。

子どもが伸びる(自己肯定感が高まる)「認める」のワザ

- 子どもの存在を認める「3つの魔法の言葉」↓あなたが大好き・あなたの味方・生まれてきてくれてありがとう。
- 長所や得意なことを認めると、それ(得意なこと)以外でも、やる気になり挑戦するようになる。↓ストッキングの法則
- 自分で考えて行動させるためには「何?」の質問形式で会話をすること!

ママ！ここもCheckね！ colum

ママがすぐにできる子どもの自己肯定感を高めるチェック表

冷蔵庫やキッチンなど、ママが毎日チェックできる場所に貼っておきましょう!

□ コツ1 聞く

うなずく・相づちを打つ

子どもの話していることを目を見て聞く。
わがままやダダをこねたら、まずは「肯定して聞く」。

□ コツ2 認める

子どもの様子を見たままを話す

「お疲れさまだね」「きれいに食べたね」「たくさん汗かいたね〜」

□ コツ3 質問する

「なぜ」「なんで」は「何」変換で質問する

「何」で質問すると、子どもは責められていると感じない。

□ コツ4 ほめる①

ピンポイントでほめる

「お風呂掃除のお手伝いありがとう！　鏡がすごくきれいになったね」

□ コツ5 ほめる②

頑張りをほめる

「なわとび頑張ってるね！　ひとりで練習できてすごいよ！」

□ コツ6 プラスのふれあい

体にふれながら優しく話す

頭をなでたり、肩を組んだり、手を握りながら話すなど愛情を込めてふれあおう。

4章

こんなとき
どうしたらいい？

～ためたココロ貯金を
こんなふうに使いましょう～

こんなとき
どうしたら？
子育て編
その1

叱られているのにヘラヘラしている人の話を聞かない息子にイライラ！

「6歳の男の子ですが、親の言うことを一向に聞きません。何度も同じことをして叱られているのに、時にはヘラヘラと笑っている感じになります。人の話を聞かせるためには、どうしたらいいのでしょうか？　男の子が言うことを聞く方法はありますか？」

人は自分の話を聞いてもらえないと、無視されている、ないがしろにされている、軽く扱われていると感じ、さらにイライラするものです。

この時、子どものココロの中ではどんなことが起きているのでしょうか。

子どもが叱られてもニコニコしたりヘラヘラする場合、ママの怒りをそのままがっつりと受け止めることがつらく、年齢によっては恥ずかしいと思っていて、周囲にそれを悟られないよう笑ってごまかすことがあります。

それは自分のココロを守るための防衛本能

と言えます。ママに叱られるツラい事実に向きあいたくないので、そのツラさに向き合わないで、笑ってごまかすわけです。

こんな場合は、**ただ「ダメ」でなく「何がダメなのか」詳細を伝えるようにしましょう。**

たとえば「叩くことがダメなのよ」と何がダメな行為なのかを具体的に伝えます。すると、子どもは自分が責められたと感じないので、素直に反省しやすくなります。

ココロ貯金をためるアドバイス

親の話を聞かない、叱られてもママに向き合わないのは、子どものココロの内側に、向き合えない理由があるのです。

目線を合わせてお子さんの話を聞いて。親子で気持ちを確かめ合うのがポイント！

こんなとき どうしたら？ 子育て編 その2

片づけない女の子を片づけられる子にするにはどうしたら、よいのでしょうか？

「8歳女の子。まったく後片づけをしません。洋服もぬぎっぱなし、歯磨き粉のふたもしめない。ジュースやお水のボトルも出しっぱなし、飲みっぱなし。『部屋がきれいな状態ならそれに慣れていく』とママ友に聞いたので、しばらくわたしが

せっせと片づけていたのですが、娘はまったく片づける気配がナシ。それでは怒ってみよう、と話すのですが、効果ナシ。言われた時だけやるという感じです。声も荒げなければならず、ストレスがたまる一方です。

「部屋がきれいな状態ならそれに慣れるもの」という考えは一理ありますが、いまの状況ではママばかりが片づけをすることになります。

人は自分がエネルギーを使った時、それによって成果や変化が出れば頑張りがいがあったと達成感を覚えます。

しかし、ちっとも成果が得られないとやる気は急落。そして、大もとの子どもへ怒りの感情が向かっていきます。親と子どものココロ貯金は減っていきます。

また、女親が女の子を育てる時に、無意識に自分（ママ）が幼い頃にやっていたことは「自分の判断基準」になることが多いものです。娘は自分同様に「できるはず」「できて欲しい」とも思うのですが、現実としては、お子さんは片づけをしないわけですから、そのギャップがストレスになります。

作家の金子みすずさんは「わたしと小鳥と鈴」の中で「みんな違ってみんないい」といいました。

そうなんです！　親子といえども自分（ママ）ができることがわが子も同じようにできるとは言えません。それは人が違いますので、できることは全員違います。

とはいえ、親は子どもに期待感を持っていますよね。そのために「みんな違ってみんないい」とはココロから思えません。

ということは、子育ては本音の部分で、そしてわが子に対しても「みんな違ってみんないい」と子どもをひとりの人間として認め、自分（ママ）とは違う個性を認めることができるかということです。

ご相談者のお子さんは、おそらく片づけしていないことを大して困っていません。困っているのはママだけでしょう。困っていない娘にいくら怒っても「なんでママは怒るの？」「怒られて腹が立つ」と思われるだけ。あまり怒りがエスカレートすると、子ども自体が逆切れ状態になります。

じつは、「困っていない人（子ども）」に、「困っている人（ママ）」がなんとかして欲しい時には、怒るのではなく、上手に質問をする方法もあります。

たとえば「歯磨き粉のふたはどうしたらいいのかな？」「このペットボトルはどうしたらいいのかな？」と、**質問をすることで子どもの頭で考えてもらう**のです。**このほうが感情的に怒るよりも効果があります。**

ママが「片づけなさい」と言うことは、子どもにやるべきことの答えを言うことになります。ママが言うと、子どもにとっては「ひと事」になり、子ども自らが「片づけを忘れた」と言うと、「自分事」になります。「自分事」になったほうが片づけが進みやすくなります。

そして、**子どもをコントロールするのではなく、ココロ貯金として「子どもの話を聞く」「子どもにふれる」「子どもを認める」**も合わせワザとしてやっておきましょう。

そこができると子どもの情緒が安定します。すると、その部分に影響を受けて他の部分の能力全体が引き上げられて、本来持っている能力を発揮するようになります。

机の上のペットボトルはどうしたらいい？
あ、ごめんなさい忘れてた！

ココロ貯金をためる

アドバイス

「どうして？」の疑問文ではなく「どうしたらいい？」の質問形で話しましょう。

先日の電話相談で、片づけができない男の子が自己肯定感が高まることで、いままでケンカをしていた弟のおもちゃまで「かたづけてやるか〜」と言うようになったとうかがいました。弟のおもちゃを片づけるレベルになり、マイナス部分がゼロまで引き上がりさらにプラスに変化しています。二段階昇格なので大変化です！

7歳男の子です。うちの子は自己主張が激しすぎて扱いに困っています

息子は自己主張が激しいです。親の言うことに「イエス」ということはほぼなく、屁理屈を言って不満だらけ。部屋を掃除して、おもちゃを動かすと、わたしに暴力を振りながら怒ります。プレゼントをもらっても、こんなもの欲しくなかったと泣きじゃくる感じ。感情のコントロールができないのか、心配になります。息子の機嫌の取り方がわかりません。

わたしの相談でよくあることなのですが、ママ自身が幼い頃に自分の親に自己主張をしなかった人、できなかった人がいます。

その場合は、自分ができていなかったのにわが子が自分に向かって自己主張することに非常にイライラします。幼い頃の自分といまの自分の2人分がイライラするわけです。

ヘリクツが多い子どもは「言語の能力」が高いのです。自分の不平不満を言葉を使って

表現できる素晴らしい子です。

そういうお子さんには、言語を使ったアプローチが効果的です。「上手にミニカーで遊ぶね」など、ママの愛情を伝えましょう。

さらに、自己主張が激しい子は承認欲求が高く、自分のことを見て！　気にして！　愛して！　の気持ちが多いのです。そういうお子さんには日頃から「ママの大事な○○くん」と**ママの愛情を「名前」＋「大事」という言葉で伝えましょう。**

もっと大きいプレゼントがいいよ～
大きい何がよかったのかな

ココロ貯金をためるアドバイス

子どもがいつになく、おかしな言いがかりをしてきた時、子どもはママに承認を求めています。

「その考えは違う」ではなく「なるほどね～」と、子どもに意味や理由を聞いてみましょう。

こんなとき
どうしたら？
子育て編
その4

子どもは絵本が好き、といいますが うちの子はあまり読みません。 これってヘンですか？

4歳男の子。子どもは絵本が好き、と言いますが、うちの子は絵本をあまり読みません。どうやって興味を持たせたらいいのかわかりません。どんな本をどうやって読ませたらいいのか。本好きにさせる方法を知りたいです。

ひょっとすると、こちらのママは絵本のことだけではなく、子育て全般に不安感があるのでは？

「子どもは絵本が好き」というのは、確かにありますが、実際のところ子どもの好みは千差万別です。絵本が好きな子もいますし、あまり関心を持たない子もいます。

これは育て方がいいとか悪いとかではなく、単に子どもの「好み」か「好みでない」かということです。おもちゃのレゴが好きな子もいますし、あまりそれで遊ばない子もいます。

どのママも**子育てに一生懸命になるのは、わが子が上手く育っているのか、わからないから**です。**だから、その基準を「他の子と比**

べる」という方法になりがちなんです。

わたしたちは自分のことですら変えることはむずかしいのに、子どもの好きなことを変えるのはむずかしいです。それより、**ママの視点や気持ちをコントロールした方が子育ての成功率は高くなりますよ。**

ココロ貯金をためるアドバイス

「人と比べる」という発想は、わが子をちゃんと見ていないことになります。

よその子とわが子の違いを見ていたら、いつまでも、わが子のよいところは見つかりません。

こんなとき どうしたら？ 子育て編 その5

9歳女の子。時間にルーズ過ぎます。時間内に行動させるにはどうしたら？

9歳女の子。うちの子は、まったく時間通りに動けません。学校でも行動が一番遅いと言われます。どうしたら時間にルーズでなくなりますか？ どちらかといえば明るく活発なほうです。「早くしなさい！」といっても治りません。何かいい言い方はないでしょうか？

先生の言葉は将棋で言うと王手。親は先生からの言葉に反論できず受け入れざるを得ません。先生から注意をされると、ママが不安定になるので、余計に子どもに「早くしなさい」と言ってしまいがちなんです。

時間を見る習慣が身についていないお子さんには、専用の時計を用意するのもいいでしょう。「ママが自分のために！」と思うだけで子どもの自己肯定感は上がります。

朝の準備は子どももだいたい何を何時頃にしたらいいのか知っていると思います。ただ、行動が伴っていません。そんな時は「いま、何をする時間だった?」と気づかせる方法がおススメですよ。

子どもと相談して**①「何時　起きる」②「何時　ご飯」③「何時　着替え」④「何時　行ってきます」と絵入りの紙をつくり、行動内容を見てわかるように**しておきます。

これを目につくところに貼って確認させ、いま何をするのかを**自分で考えさせるようにするのです。**この時、子どもが書いた文字や絵がベスト。親が全部書くと人ごとになります。「何時」の部分は子どもはわかりませんので最初に親が考えましょう。

まゆこの時計だよ〜
時計を見てやってみよう
5時に宿題をするんだね

ココロ貯金をためる アドバイス

時計を見ながら、時間と行動内容を話し合って決めてみましょう。

今日から始めて、明日すぐにはできません。子どもは毎日スモールステップで進むものです。

こんなとき
どうしたら？
子育て編
その6

女の子なのに「性格が悪い」と先生から注意されて落ち込んでいます

10歳女の子ですが性格が悪いと先生から注意されて困っています。理由は友だちに嫌がらせをしているからです。友だちへの嫉妬が激しかったり、勝手に通知表を見たり、工作を壊したり、ひそひそ話をして嫌な思いをさせたり。友だちからも煙たがられています。どうしたらよいのでしょうか。

先生から子どもの悪いところを指摘されると、親は大きなストレスを感じますよね。これではママのココロ貯金も漏れてしまいます。

人のランドセルを開けて通知表を見ようとするこのお子さんは、なかなかパワフルですね。承認欲求も高いと思います。

承認欲求が高いお子さんは、その欲求が満たされないと荒れてきます。嫉妬が激しいということは、自分がママから愛されていると感じにくくなっている可能性があります。

ママの対応としては、**子どもをとがめるだ**

けではなく、「ママの大事な〇〇ちゃん」と「あなたのこういうところが、ママは好き」など、大好きを具体的に伝えていきましょう。

自分がママから愛されていることが伝わっていれば、他の子に嫉妬する必要もなくなります。

また、叱るだけでなく、どうしてそんなことをしたのか子どもの話を聞けるといいです。本当は友だちが欲しいという場合は、適切な接し方を具体的に伝えていきましょう。

ココロ貯金をためる アドバイス

友だちに嫌なことをするのは、友だちに注目してもらいたいから。この子のココロの中はいま、寂しいのかもしれません。

1日3回はママの大事な娘であることを具体的に伝え、愛情をたくさん注ぐことです。

こんなとき
どうしたら？
子育て編
その7

殴る蹴るの兄弟ゲンカをやめさせる方法を教えてください

上9歳、下8歳　兄弟ゲンカがひどいです。アザやコブができることもあります。ケガもするし、仲良くして欲しいのでケンカをやめさせたいのですが、ぜんぜん言うことを聞きません！　ケンカのやめさせ方を教えてください！

歳も近く性別も同じであればケンカになりやすいです。じつは、子どもはママを取り合うライバルです。男子2人であれば、そこにママも加わって三角関係、現在、ママは超モテ期です（笑）。

とはいえ、血だらけになるほどケンカをするとのことですね。基本的に兄弟ゲンカは止めなくてもオーケーです。親が○○が悪いと介入すると、ケンカをしかけたほうの子が不満を持ちます。

というのも、兄は根底に「弟はいいよな」という嫉妬があるので、弟のせいで自分が怒られたと感じココロが炎上します。だから激しいケンカに発展するのです。

こんな時は、**お兄ちゃんの言い分を聞きましょう。**「お兄ちゃんほどの子がそこまでするのには、何か理由があるの？ どうしたの？」と話をさせる機会をつくります。**お兄ちゃんの話をママが聞くことで、お兄ちゃんのココロ貯金をためていきます。**

ちなみに、**殴る蹴るがヒートアップしたら危険回避をしたいです。そんな時は「行為を叱る」**のです。たとえば「叩くことがダメなのよ」と介入します。それ以外は親が介入するとケンカが長引きます。ケンカは止めるものではなく眺めるもの。そして、ちょっかいをかける子のココロ貯金チャンスです。

ココロ貯金をためる
アドバイス

その火の粉が弟に飛び散ります。

兄弟ゲンカを止めるには、お兄ちゃんのココロの声を聞き、ココロ貯金をためること。

こんなとき
どうしたら？
子育て編
その8

人見知りが激しく、いつもひとりで遊ぶ息子。もうすぐ一年生ですが学校でいじめられないか心配です

うちの子は人見知りも激しく、幼稚園でもひとりでいることが多く、友だちとはしゃいで遊ぶことはありません。来年、小学校に上がるので、友だちができないのではないか、授業についていかれるかと心配です。さらに、いじめられないかとも。

来年から小学校という時期は、他の年齢よりもいろいろなことが気になります。それは親も初めての小学生ママになるからです。

さらに、ママにとって子どもは自分の手の延長線上にいるようなイメージになるので、子どもがいじめられるということは、ママもいじめられるような気がするのです。

そのため、子どもと自分の2人分になるので、たまらなく心配になります。

ひとりで遊ぶことが好きな子は、多くの場合、子ども自身はそれほど困っていません。それに、はしゃがない子に「もっとはじけなさい」と言ってもムリがあります。

それよりも、**いま、ママができることとして、子どもの感情を言葉にして出す遊びを試してみませんか。**

まずは「コチョコチョ作戦」。子どもは、くすぐるとキャッキャと感情を出して大騒ぎします。それを活かし、家の中で感情を出すレッスンをします。

また、ママが子どもに毎日ついていけない学校で「嫌と」言わせることはコントロールしにくいものです。そんな時は、家庭の中で「嫌」と、どんどん言わせてあげましょう。

こんなやりとりを家庭の中でたくさんできるようにしておくと、自分の気持ちの出し方を身につけることができます。

心配が大きくなると、それに比例してストレスも膨らみます。ココロを疲れさせるだけでなく、「いま」「ママができること」をぜひお試しください。

ココロ貯金をためる

アドバイス

一般的に外よりも家のほうがリラックスできるので、家で感情を出すレッスンをしてみましょう。

「コチョコチョ作戦」や「イヤイヤごっこ」ではしゃいだり、「嫌」の発声練習をしましょう。

**こんなとき
どうしたら？
ママ自身のこと編
その1**

子どもたちが失敗をするとイライラします。この気持ちをおさめる方法を教えてください

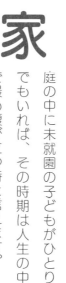

子どもたちが失敗をするとイライラします。どうしたらこの気持ちがなくなるでしょうか。子どもは2歳と5歳。部屋は汚すし、言うことは聞かない。1日中べったりで自分のこともできない。穏やかに過ごしたいのですがイライラがとまりません。

家庭の中に未就園の子どもがひとりでもいれば、その時期は人生の中で最も腹が立つ時と言えます。

でも、子どもは失敗して成長するものですし、それがわからないママなんていません。

じゃあなぜイライラするのでしょうか？

理由は、ママ業が一時も休みなく続いていくので、ママのココロ貯金をためる余裕がないからです。

未就園の子どもがいると、一日中「ママあのね」「ママ～こっちきて」と呼びつけられてしまい、心安まる時がありませんよね。

365日、ママはエネルギーを放出しっぱなしで、笑顔になんてなれないわけです。

解決策は、ママが誰かから承認されること。ママだって話を聞いて欲しいし、「よくやっているよ」と認めて欲しいんです。ところが、ひとりで子育てをしているママは、承認されにくいんです。

こんな時こそ、**ご自愛タイムを確保してください。**「そんなの無理！」というお気持ちはわかります。でも、そのイライラを鎮めるには　ご自愛するしかありません。

子どもをパパに預けて買い物に行く、本屋さんに行く、ひとりでケーキを食べに行くなど。

何をすると気持ちが上がりますか？　遠慮したり、悪いことなんじゃないかな、と思うことはありませんよ。子育て中は、堂々とご自愛してください。楽しいママライフの始まりです。

ココロ貯金をためる

アドバイス

子どもへのイライラを失くすには ママ自身がひとりの時間をつくることです。

子どもは失敗して成長するもの……そんなことがわからないママはいません。イライラの原因は子どもではなく、ママにあります。

育児に炊事、洗濯、掃除に雑用だらけ。どうしてわたしばかり…と思うわたしは母親失格？

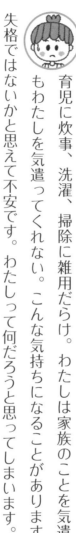

育児に炊事、洗濯、掃除に雑用だらけ。わたしは家族のことを気遣うのに、誰もわたしを気遣ってくれない。こんな気持ちになることがあります。妻、母親失格ではないかと思えて不安です。わたしって何だろうと思ってしまいます。

子どもを持つと女性はみんないい人になるのですが、誰もママを気遣ってくれない場合は、イライラしてしまい、妻、母親失格と思えて、自分を責めてしまう方も少なくありません。

自分を責めるとメンタルヘルスが悪くなりますが、基本的に子どもは元気ですから、ママが子どもに振り回されることになります。

そこでアドバイス！　**子育てについて決して長々と反省せず、切り替えましょう。**この**ママには図々しい善人になって欲しいです。**

「わたしは毎日洗濯してすごい、今日もご飯をつくり掃除機かけました、とっても立派です！」と、あたりまえのことをしている自分をほめてあげましょう。自分をほめるようになると、あたりまえのことをほめるセンサーが敏感になり、子どものあたりまえにも、ほめることができるようになります。

お弁当と
朝ごはんを…
同時に
つくって
大急ぎで
幼稚園に
部屋を
片づけ
すばやく
掃除!
はい
わたしって
すごい!

ココロ貯金をためるアドバイス

ツラいと思いながらやる炊事・洗濯、掃除は、ココロ貯金をマイナスやゼロにします。

子育ての反省は1秒でオーケー! 毎日頑張っている自分をほめましょう。

こんなとき
どうしたら？
ママ自身のこと編
その３

子育てで失敗ばかり！わたしは親として向いていないのでしょうか？

初めての子どもでわからないことが多く、ミルクが熱すぎたり、オムツが外れてしまったり、寝かしつけが下手だったり…普通のママができることがなかなか上手くできません。夫にも「ちゃんとやれ！」と叱られます。母親として上手くできるようにするにはどうしたらよいでしょうか。

ママ一年生は、誰もが子育てに戸惑い失敗をします。

また、産後間もない頃であれば、ホルモンのバランスが元に戻っていないのでちょっとしたことでも気になる時期です。

そのため、「自分はダメな母親」と感じてしまうこともあるかもしれませんが、それは、あなたが母親に向いていないということではありませんし、あなたの人格とは無関係です。他にとくに体調不良などがないようなら、すぐに元気なあなたに戻りますよ。

初めての子育ては、たくさんの子育て情報

を見ていたとしてもわからないことだらけ。わからないことをわからないままにしておくと、ママに不安が募り、自分を責めてしまいます。そうなるとココロ貯金も減ってしまいます。わからないことはママ友や先輩ママに聞きましょう。話ができただけで、不安もストレスもなくなっていきます。

ママ同士、悩みは皆さん似たようなものです。教えてもらったら元気よくお礼を言ってください。親しき仲にも礼儀あり。ママ友とは、ちょうどいい距離のよいおつき合いを！

ココロ貯金をためる アドバイス

わからないことは、ひとりで抱えずママ友や先輩に聞くのがいいでしょう。

初めての子育てには、失敗はつきものです。できないことはあたりまえで、少しずつママになっていけばよいのです。

こんなとき
どうしたら？
ママ自身のこと編
その４

ママ友に悩んでいます。相談したことを他の人に話されてしまいました

ママ友に悩んでいます。ママ友に相談をすることが多いのですが、どこまで気持ちを話していいのかわかりません。建前だけで接していると疲れてきますし、でも、信頼していいのかもまだわかりません。少し前に、1人のママ友に相談したら、他のママから「あれどうなった？」と聞かれて、「あれ？　話しちゃったのかな」と、とまどいました。これってよくないですよね。

ママ友は、「友」という文字がついているので、お友だちだと感じるかもしれませんが、あくまでも子どもを介したメンバー、仲間、知り合いです。

もちろん、ココロから仲良くなれば、戦友と言えるほど子育ての大変な時期を支え合った仲間になりますが、スタートは、たとえば「5歳」「男の子の母親」という属性の中での

つき合いですから、気が合わない人がいてもおかしくありません。本当にココロから気が合う人は5%くらいいればいいところです。

ママ友は、人生をかけてつき合う人ではなく、**子育て期だけの期間限定のおつき合いの人と、割り切っておくほうがラクチン**です。

幼稚園や学校の学年が変われば、また友だちも変わっていきます。

今回は嫌な思いをされましたね。

とはいえ、昔から人の口に戸は立てられないと言います。広まっては嫌だなと思うことは誰にも言わないほうが賢明です。

ココロ貯金をためるアドバイス

ママ友は、子どもを介したおつき合い。学生時代の仲良しの友だちとは違うことをママが心得ておくことです。

気が合わない人がいるのは、あたりまえ！もっと、割り切った大人のつき合いを。

3人の男の子の子育て中です。以前と服装も趣味も変わってしまいこのままどうなるのか気になります

子育てで大変な毎日を送っている30代ママです。以前は仕事や趣味を楽しんでいたのですが、産後は、汚れそうとか動きやすいようにと、服装も変わったり、何だか考え方も変わっていったり……性格が変わったんじゃないかと、友だちにも言われました。皆さんはこういうことはあるのでしょうか？

3人の男の子を育てていらっしゃるとのこと。ママは子育てに大奮闘されていると思います。

ママになると、生活は一変します。時間の使い方はもちろん、興味の対象、見るテレビ、空いた時間の過ごし方など、すべてが子どもとの関わりに沿っていきますよね。

それに、変わっていくことで、それまで知らなかったことや、気づかなかったこともたくさんあります。

たとえば、公園。仕事をしていた頃は、めったに行かなかったのに、子どもが生まれてか

らは、毎日行く、という方も多いでしょう。

公園に行くと季節を感じませんか。ママにならなければ、草花や風の香りを思い出さなかったかもしれません。

ママは、子どもと同じ目線になるので、様々な事柄が変化するのは、当然です。

その変化は、どのママも同じ経験をしていると思いますし、悪いことではありません。

服装も子どもと一緒に楽しむためのものに変わったなら、ママのカジュアルファッションを楽しみましょう。子どものおかげで新しい自分を発見できたと思い、ママの自分を楽しんじゃいましょう。

昔は
ワンピース
ばかりだったけど、
いまは
パンツでキメる♪

ココロ貯金をためるアドバイス

行動や服装は、なかなかすぐには変えることはむずかしいものです。でも、子育て中心の生活になると、変わることが自然です。

新しい自分に出会えるなんて、ママをもっと楽しみましょう。とてもしあわせ♪

仕事と子育ての両立に自信がありません

仕事と子育ての両立に自信がありません。みんなどうやって乗り越えているのでしょうか。仕事と子育ての両立の秘訣を教えてください。子どもとの時間も大切ですが仕事もやりたいです。どちらをとらないといけないのか、悩んでいます。

現在、ママの7割が正社員やパートなど、仕事をしている状況です。

とはいえ、子育てには膨大な時間が必要です。子どもを1人育てることは「一大プロジェクト」、2人育てるのは「二大プロジェクト」、3人育てるのは「三大プロジェクト」で、それだけの時間労力が必要です。

こんな大変な状況が子育てで、そこに仕事となると、ママの負担はとてつもなく大きいといえます。

というか、**子育てと仕事の両方を完ペキにしようとすると、つぶれます。上手な手抜きをしないと、ママのココロ貯金はマイナスに**なってしまうんです。

手抜きをするのは『家事』。主婦失格では？　と感じるかもしれませんが、そんなことはありません。「うちのママはよく怒る」という子はいますが、「うちのママは家事を手抜きする」という子は聞いたことがありません。

子どもはママが元気なら、買ってきたお惣菜でもココロから美味しいと思います。それからお手伝いにもちょうどいいです。お手伝いができることで自己肯定感も高まります。

ココロ貯金をためる

アドバイス

いまの子どもたちが成人し、結婚し、子育てをするとしたら、その頃はほとんどのママが仕事をしている時代になる可能性があるとよくお話しします。

未来は仕事と子育てがあたりまえになる可能性大！ママの上手な手抜き術を見せましょう。

こんなとき
どうしたら？
ママの仕事編
その2

時短で早く帰ることが後ろめたく申し訳ない気持ちでいっぱいです

働くママです。お迎えがあるので時短で早く帰っています。でも、他のスタッフが残業するという時など、後ろめたく、申し訳ない気持ちでいっぱいです。皆さんがわたしのことを悪く思っているんじゃないかと落ち込む時もあります。

もっと仕事に時間を費やしたい、でも子育ても大事にしたい、そのせめぎ合いの時期ですよね。

一般的には、仕事は長い時間を費やした人のほうが成果も実績も上がりやすいです。

子育てをしていない人と比べたら、自分が使える時間は圧倒的に少ないのがワーキングママです。

自分だけ早く帰ることに後ろめたさを感じることもあるでしょう。子どものことで仕事を休むことも多く、はがゆいこともあるでしょう。

それでも仕事はしたいというお気持ちもよくわかります。

カチャ　カチャ
みなさん、
ホントにすみません。
静かに
退散いたしまぁす
他の人に
気遣いし過ぎて
ゲッソリ

大事なのは、限られた時間できちんと仕事をすることだと思います。仕事で頑張ればまわりに認められるはずです。

もうひとつ！　元気よくあいさつすることもいいと思います。「お疲れさまです。お先に失礼します」と笑顔でスタッフに声をかけましょう。黙って帰ったり、そっと帰ったりするのはかえって印象も悪くなります。

まわりに認めてもらえば、あなたのココロ貯金もたまり、仕事もやりやすくなります。

ココロ貯金をためる アドバイス

まわりの目を気にする前に、自分の行動を変えましょう。

図々しい善人になって、「お先に失礼します」「また、明日お願いします」と笑顔であいさつを！

こんなとき
どうしたら？
夫婦編
その1

家事スキルゼロの夫をどうしたらヤル気にさせられますか！

幼稚園に通う子どもと夫の3人暮らしです。わたしもフルタイムで仕事をしているので、育児も家事も二人三脚でいこうと、家族で話をしました。ところが、夫は家事が一切できなかったんです。簡単にレシピを書いておくのですが、全くつくろうとせず、結果、夫婦ゲンカになります。何かよい方法はありませんか?

旦那さんが、どれくらい家事を知らないのかがわからないのですが、自分はわかっているのに相手はよくわからないことを教えることって、じつはむずかしいんです。

なぜなら、「そこは知っていて当然」という思い込みがあるからです。

「ご飯を炊いておいてね」というひと言には、ご飯を炊く意味がわかっていれば、何合なのか、どうお米をとぐのか、どう炊飯器のタイマーのスイッチを入れればいいのかはすでに頭に入っています。

えっと…
あれ？　どうやるのかな？
それすらも
わからないとは
びっくり！

ところが、家事が一切できない旦那さんは、お米をとぐプロセスがわかっていません。

ママがストレスをためないように夫に家事を頼む時は、5歳の子にお手伝いを頼むつもりくらいがいいでしょう。具体的にやることをリクエストしていきます。5歳の子ですから一度に依頼する量は「1つ」です。

大事なのは、何をどのようにやるのか具体的に伝えること。お手伝い好きの子を育てるプロセスと同じです。

ココロ貯金をためる
アドバイス

ママには簡単なことでも旦那さんには、わからないことだらけです。

5歳児に教えるように具体的に伝えてください。そして最後に「助かったわ、ありがとう」を忘れずに。

こんなとき
どうしたら？
夫婦編
その2

夫は自分をイクメンだと思っていますが、わたしには全然足りません

夫は自分をイクメンと言いますが、わたしには全然足りません！ このギャップをどう埋めたらいいでしょうか？ 子どもをお風呂から先に出す時に、すぐ来てとお願いしたのに呼んでも来てくれません。やっとの思いでお風呂から出ると、ソファーで寝転がってテレビを観ていました。これでイクメンとか言わないで欲しい！

子育てスキルの高いママが、未熟なイクメンパパを見ると至らないところが目につくのは当然です。

でもこれは、夫だけではないかもしれません。日頃、孫の世話をしていないおばあちゃんがサポートするとしても、ママの考えがわかっていないと、何をしたらいいのかわかりません。

つまり、ママ自身がどうお世話をしたいのか、具体的に第三者に伝わらないと、ママのイラ立ちは静まらないということです。

自称イクメンパパさんなので、やるべきこ

とが具体的にわかればやってくれる確率は高いでしょう。お風呂の入れ方くらいはわかって欲しいと思うかもしれませんが、わからない人にはやり方を教える方法しかありません。

イクメンですね～
ほんとうにステキなパパ
うんちだよ～
えっ！やってよ！
イクメン詐欺め～～

ココロ貯金をためる アドバイス

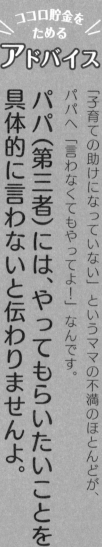

「子育ての助けになっていない」というママの不満のほとんどが、パパへ「言わなくてもやってよ！」なんです。

パパ（第三者）には、やってもらいたいことを具体的に言わないと伝わりませんよ。

こんなとき
どうしたら？
夫婦編
その3

夫と話したくないわけじゃないのですが、話す時間が合わないのも事実です

出産・子育てを境に、夫との会話が激減！ 話したくないわけじゃないのですが、話す時間が合わないのも事実です。どうやって夫と話せばいいのでしょうか？ また、元のように普通の夫婦に戻るにはどうしたらいいのでしょうか？

夫婦は子どもを持った段階で「パパ」「ママ」になり、夫婦よりも親の役割が増大します。

そのため、夫婦の関係が変わってきたと感じるのかもしれません。子どもが起きている時間帯はほぼ、子どもの世話で時間を使います。それまで夫と話す時間帯も子どもに使うことになりますし、夫としゃべっていると子どもに阻止されることもありますよね。

こんな時は、子どもとの関係性をよくする方法をそのまま夫に使ってみましょう。これは部活動、塾で忙しい反抗期中高生の子ども

とよりよい関係性をつくる方法と同じです。

ポイントは、ココロを変えようとしないこと。夫との**心理的距離を近くするための「行動」を取り入れるようにします。**

たとえば、夫の好きなおかずをつくる時には「あなたの好きなおかずにしたよ」と間接的に「好き」を伝えます。「美味しい（あなたの好みの）ビールを冷蔵庫に冷やしておいたよ」。これも「あなたのことを考えているよ」という意味になります。

いま、現実的に夫と長々と会話をすることがむずかしい状況なら、ママ自身の行動を変えましょう。そのうちココロも伴い会話もしやすくなります。

お疲れさま。
パパの好きな肉じゃがつくったから食べてね

ココロ貯金をためる アドバイス

親の話を聞かない、叱られてもママに向き合わないのは、向き合えない理由があるのです。大事なのは、それが何なのかを知ることです。

「何か言って！」と相手に求めるのではなく、ママが「（パパのための）行動」をしてみましょう。

こんなとき
どうしたら？
お姑さん編
その1

お義母さんの言葉づかいがキツくできるだけ会いたくありません。もっと言うと嫌いかも

お義母さんのわたしへの言葉づかいがキツいです。お義母さんはわたしが嫌いだと思うのですが、わたしも嫌いになりそうで、会うのがイヤです。でも夫の母であり子どものおばあちゃんです。どうやって割り切ればいいのか相談したいです。

あなたは、ご主人と仲良くなって結婚しました。お義母さんと仲良くなって結婚したわけではありませんから、お義母さんと仲良くなれない可能性はあります。

お義母さんの言葉づかいがキツいと、それだけで自分を否定された気分になって落ち込みますよね。

では、どうしたらいいのでしょうか。

お義母さんは長年かかってコミュニケーションスタイルをつくっていますので、いまから修正することはとてもむずかしいもの。

この場合は、**「嫌味を言うには理由がある」と考え、ママの気持ちを切り替えたほうがラ**

クだと思います。ここで「なぜ、ああいう人なの？」「どうして？」と思ったところで、あなたには計り知れないからです。そこばかりを追うとココロ貯金も減る一方です。

もっと言えば、そんなお義母さんは、人づき合いもあまり上手とはいえないかもしれませんね。それは、ママへのコミュニケーションパターンを他の人にも使っている可能性が高いからです。

こんな時は、お義母さんのことを「お気の毒な人」と思う方法でいきましょう。

お義母さん
何か嫌なこと
でもあったのね
ガミ
クドクド

ココロ貯金をためる

アドバイス

嫌味を言うのには理由があるんじゃないか、と視点を切り替えるのがいいでしょう。

嫌味を言われたら「お義母さん、お気の毒に」と腹黒になって割り切ったほうがラクチンです。

「昔は大変だったのに、あなたはラクでいいわね」と言うお義母さんに何て返せば？

すぐに「昔はこうだった」と昔の子育ての話をするお義母さん。さらに、時代錯誤の教育話をされても、現代には当てはまりません。上手くかわす口実を教えてください。

「昔はこうだった」という人は、いまの現実が充実しておらず、よき時代だった昔の話をしたいのかもしれません。とはいえ、嫁の立場で「いまは昔と違いますよ」と言えば角が立ちます。

昔の子育ては
本当に大変だったのに
あなたはラクでいいわね～
はあ～
すみません

さらにお義母さんは、ママの言い分やいまの時代のルールを聞きたいわけではありません。「昔の子育ては大変だったのよ」というセリフが出たのは、その大仕事をやってきた自分の功績をほめて欲しいからです。

いまは、相手の（お義母さんの）話を聞いて、ほめてあげる時です。

「大変だったんですね〜」「それをやってきたお義母さんは偉い！」というふうに。

また、教育についてレクチャーして来た時は、「そうなんですね」と相づちを打つのはどうでしょうか。お義母さんは単に、自分の話を聞いて欲しい「かまってちゃん」です。

それでもお義母さんの話や昔話が苦痛という時は、「最近、こんなことができるようになった」と、お子さんの成長を話題にしてみましょう。それなら、お義母さんもママも、共感ができますよね。

ココロ貯金をためる
アドバイス

お義母さんの昔話は、聞いて欲しい、ほめて欲しいという合図かも。

「昔は大変だった」話をはねつけるのは逆効果。「大変なことをやってこられてすごい！」と、ほめるのが正解です。

こんなとき
どうしたら？
お姑さん編
その3

お義母さんのつくる食事がおいしくなくてどう断ったらいいですか？

お義母さんがごはんをつくってくれるのですが、正直まずいです。ストレートに言うと傷つくと思って言えません。何かよい方法はありませんか？

嫁の立場で味つけをとやかく言うのはモメる元です。また、食事の用意をお義母さんに任せることは、その仕事ぶりも任すということになりますので、面と向かって断ることもできません。

もしも、お義母さんが専業主婦なら、台所は仕事場。そこで否定されるのは、仕事ができないと言われているのと同じです。

ここは、おいしくないのでと炊事を断るのではなく、**おいしくするために行動を起こすのが正解**でしょう。

ところでこの食事は、誰のためのものでしょうか。いちばん食べてもらいたいのは、孫ではないでしょうか。

つまり、お子さんに「おばあちゃん、おいしかった」と言わせるのが目的だとしたら、

まあくん
トマトが好きなので
トマトとチキンの
煮込みとか
どうですか？
いいわね！
どんな
味が好きなの？

お子さんの好きなメニューや好きな味をお義母さんに伝えるのが効果的だと思います。

「トマトが好きなので洋風のチキン煮込みはどうですか？」と献立を提案し、「まあくんの好きな味！」と味見をさせてもらうと角も立ちにくくなります。

また、ママのストレス軽減のために、朝や休みの日は自分でつくるなど、ママの手料理の日をつくるのもおススメです。

ココロ貯金をためる アドバイス

お義母さんのつくってくれた味について、直接言うのはよくありません！おいしくするために行動を起こすのは、ママのほうです。

お子さん（孫）の好きなメニューや味つけをお義母さんに伝えるのが得策です。

**こんなとき
どうしたら？
お姑さん編
その4**

おばあちゃんが子どもにわたしの悪口を言います。間違っているときちんと伝えたい！

4歳の男の子のママです。仕事をしているので、お義母さんが家事や育児をサポートするために来てくれます。本当にありがたいのですが、家の掃除をしている時のこと。子どもが「ママ、お掃除上手にね」とか「パパにいじわるしないで」とか「ダメなママ!」とおかしなことを言います。聞いたら「おばあちゃんがそう言ってた」と。子どもがわたしを嫌いになるのでは?

疲れて家に帰って来た時に、ママのココロを癒やしてくれるのは、子どもです。あどけない顔や笑い声、柔らかな感触は、本当に幸せの極みと言ってもいいと思います。

その子どもから「ダメなママ!」と言われるとショックですよね。

こんな時は物事をいいように考えるレッスンと思って、こう思い直し、自分に言い聞かせてみてください。

ママとたくさん
あそぼうね～
きゃっきゃっ
うふふ

「おばあちゃんのおかげで自分が休める時間ができた。子どもとの時間ができた」と。大事なことは、おばあちゃんよりも、ママが子どもと接する時間のほうが長く、ママの影響力は誰よりも大きいということ。

子どもはいつだってママの味方です。ママに何度叱られても、ママが大好きなんです。さあ、おばあちゃんにつくってもらった大切な時間を子どもとふたりで使いましょう！

ココロ貯金をためる アドバイス

これから先も、ママのほうが、おばあちゃんよりも子どもと接する時間が長いのです。

おばあちゃんのおかげでママの時間ができました。子どもを思いっきり甘えさせてくださいね。

こんなとき
どうしたら？
お姑さん編
その5

夫の母は子どもが好きでない様子。孫が遊んでいると外で遊ぶように言います

お義母さんには2人目の孫になる女の子。まだ3歳なので、大きな声で歌ったり部屋の中ではしゃいだりするのですが、お義母さんはそれを「うるさい！」と子どもの前で嫌な顔をします。娘のほうも、だんだんおばあちゃんの近くに行かなくなってしまいました。このままでよいものでしょうか。

おばあちゃんは、おいくつくらいなのでしょうか。もしかしたら、更年期症候群の可能性もあるのではないでしょうか。

小さな女の子の声は甲高いので、体調がよくない時にイラつかせてしまっているかもしれません。静かに過ごしたいと思っている時に、すぐ側でバタバタ動き回り、ちょっと疲れさせてしまっているのかもしれません。

こんなふうに、お子さんとおばあちゃんの

気持ちを一緒に考えて、おばあちゃんが喜ぶことを見つけてみましょう。

肩たたき券をつくったり、おいしいお茶を淹れたり、絵を描いたり、そういう遊びなら喜んでくれるかもしれません。

考えて行ったことでほめらると、お子さんの自己肯定感が高まり、ココロ貯金もたまっていきます。思いやる気持ちも育まれていきますよね。

ココロ貯金をためる
アドバイス

おばあちゃんの気持ちを考えて接するようにママがお膳立てしましょう。

子どもが「いい子」とほめられると、ママの点数もアップ。親子でココロ貯金がたまりますよ。

東ちひろ（ひがしちひろ）

幼稚園講師、小学校教諭、中学校相談員、教育委員会勤務を経て、現在は一般社団法人 . 子育て心理学 . 協会代表理事に。上級教育カウンセラー、日本カウンセリング学会認定カウンセラー。

心理学とコーチングをベースにした「ココロ貯金」で、子育て心理学講座、子育て心理学カウンセラー養成講座、子育て電話相談を行い、これまでに2万人以上の実績がある。

子どものタイプに合わせた即効性があるアドバイスは、ママから「たった1回のアドバイスで言うことを聞かない子どもが " やる気 " になった」「怒ってばかりだった自分が信じられないほど " 穏やか " になった」と好評を得ている。一男一女の母。

■主な著書：「男の子のやる気を伸ばす ママの子育てコーチング術」「男の子をぐんぐん伸ばす！ママの子育てコーチング術」（メイツ出版）「子どもが甘えていい時・悪い時」「9割は『叱ること』ではありません」（PHP）他多数

参考文献：『強い子伸びる子の育て方』山崎房一 著（PHP 研究所）『「笑顔」と「ありがとう」の子育て』野坂礼子 著（PHP 研究所）

子育て心理学協会ＨＰ
https://www.kosodate-up.com/

東ちひろブログ
https://ameblo.jp/kyouikucoaching/

イラスト：min
ライティング：原佐知子　Nikoworks
本文デザイン：Nikoworks

「ママのココロ貯金」のすすめ 新装版
親と子の自己肯定感を上げる 33 のポイント

2024 年　3 月 15 日　　　第 1 版・第 1 刷発行

著　者　東　ちひろ（ひがし　ちひろ）
発行者　株式会社メイツユニバーサルコンテンツ
代表者　大羽　孝志
〒 102-0093 東京都千代田区平河町一丁目 1-8
印　刷　株式会社厚徳社

ご意見・ご感想はホームページから承っております。
ウエッブサイト　https://www.mates-publishing.co.jp/

企画担当：折居かおる

※本書は 2019 年発行の『子育てが上手くいく！「ママのココロ貯金」のすすめ 親と子の自己肯定感を上げる 33 のポイント』を元に、内容を確認したうえで書名・装丁を変更してあらたに発行しています。